The Debater's Guide
(Fourth Edition)

辩手指南

（第四版）

五十周年纪念版

乔恩·M. 埃里克森（Jon M. Ericson）
詹姆斯·J. 墨菲（James J. Murphy）　◎著
雷蒙德·巴德·泽斯奇纳（Raymond Bud Zeuschner）

邹漫云　张倩　肖琳 ◎译
雷力 ◎校

中国广播影视出版社

图书在版编目（CIP）数据

辩手指南 = The Debater's Guide /（美）乔恩·M.埃里克森，（美）詹姆斯·J.墨菲，（美）雷蒙德·巴德·泽斯奇纳著；邹漫云，张倩，肖琳译. —— 北京：中国广播影视出版社，2021.6（2025.7重印）
书名原文：The Debater's Guide
ISBN 978-7-5043-8625-0

Ⅰ.①辩… Ⅱ.①乔… ②詹… ③雷… ④邹… ⑤张… ⑥肖… Ⅲ.①辩论－语言艺术－指南 Ⅳ.① H019-62

中国版本图书馆 CIP 数据核字（2021）第 037170 号

The Debater's Guide (Fourth Edition) by Jon M. Ericson, James J. Murphy and Raymond Bud Zeuschner
Copyright © 1961 by the Bobbs-Merrill Company, Inc.
Copyright © 1987, 2003, 2011 by the Board of Trustees, Southern Illinois University.
Simplified Chinese Edition © 2020 by China Radio Film & TV Press Limited Company is published with the permission of the Board of Trustees, Southern Illinois University.
All rights reserved.

北京市版权局著作权合同登记号：图字 01-2020-7425 号

辩手指南

乔恩·M.埃里克森　詹姆斯·J.墨菲　雷蒙德·巴德·泽斯奇纳　著
邹漫云　张倩　肖琳　译　雷力　校

责任编辑	王丽丹
责任校对	张　哲
装帧设计	嘉信一丁
出版发行	中国广播影视出版社
电　　话	010-86093580　010-86093583
社　　址	北京市西城区真武庙二条9号
邮　　编	100045
经　　销	全国各地新华书店
印　　刷	涿州市京南印刷厂
开　　本	880 毫米 × 1230 毫米　1/32
字　　数	125(千)字
印　　张	6.75
版　　次	2021 年 6 月第 1 版　2025 年 7 月第 4 次印刷
书　　号	ISBN 978-7-5043-8625-0
定　　价	48.00 元

（版权所有　翻印必究·印装有误　负责调换）

献给唐、巴里、艾迪、迈克、丹、鲍勃、丹尼斯、里奈特、里奇、克里斯、罗宾,以及所有正在努力培养批判意识、提高言语技能的辩手。

任何演说都仅由两部分构成——观点的陈述与观点的证明。

——亚里士多德,《修辞学》

目 录

1   前　言

3   中译版前言

5   第一章　辩论的价值
7   辩论于社会的益处
9   辩论于个人的益处

13   第二章　辩论的过程
15   辩题的类别
18   辩论的基本规则
20   辩手发言的顺序
22   辩手发言的时长
23   双方交锋的过程
26   表面成立的辩案与正反双方的交锋
29   交锋环节的时间安排
30   辩手的责任
32   了解辩论的全过程

35	第三章	辩案的基本概念
37		关于论据的基本认知
40		辩手的三大责任
43		辩案的结构要素
49	第四章	辩题的研究与证明
51		如何获取最新知识
59		如何使用公开出版的辩论素材
60		如何证明辩题
73	第五章	辩案的准备
75		正方辩案的准备
94		反方辩案的准备
99		经典辩案范例
105	第六章	辩手的职责
108		立论陈词
116		驳论陈词
119		全程追踪交锋过程
125	第七章	攻辩与守辩
127		攻辩的目的
130		直接攻辩的方法

134	常见的论证谬误
137	直接攻辩的原则小结
137	攻辩的组织
140	守辩的技巧
143	攻辩中的遣词造句
147	攻辩和守辩的七条指导性原则

149　第八章　交互质询

152	交互质询的目的
157	质询问题的类型
162	回应质询的策略
163	质询技巧的实际应用

167　第九章　有效的演说

169	语言因素与非语言因素
181	辩论演说的特殊问题

189　结语：完美的辩手

192　词汇表

201　索　引

前言

以讨论、异议与辩论为砧,在其上反复锤打,自由方成。
——休伯特·汉弗莱,美国第 38 任副总统(1965—1969)

自 1961 年《辩手指南》首版发行以来,千万读者受惠于书中的辩论指导。第四版是《辩手指南》50 周年的纪念版,也是名副其实的加强版,因为我们对书中内容做了重要的修订和完善。除了扩展词汇表的术语条目,我们还新增了术语索引,以便读者迅速查找关键术语的相关内容。在章与章之间我们添加了说明性文字以衔接前后两章。在每章起首部分,我们还抄录了古今智者关于论辩的名言。为了凸显学习重点,我们对部分章节的内容进行了重新编排。最后,我们还增加了新的案例分析,向读者展示经典的辩论理论与技巧如何适用于近年新兴的辩论赛模式。

《辩手指南》秉持这样的理念:辩论的场合千千万,但万变不离其宗——辩论的基本过程永远不变,目的都是持不同意见的各方努力说服对方接受己方的观点。了解书中关于辩论的基本原则,不仅是为了赢得辩论场上的胜利,也是为了训练我们的分析性思维,是我们获得分辨观点真伪、探寻真知灼见能力的开端。

走在人生的路上,我们会不断地被引导着去倾听各种不同的声音。唯有终身教育才能让我们不为人言所惑,不迷失自己的方向。要开启这样的终身教育,首先需要将自己训练成真正的辩手。冷静缜密的思维既是一名优秀辩手的特质,也是属于民主社会完美公民的品质。

中译版前言

作为《辩手指南》一书的作者，我们三人看到远在中国的同行慧眼识珠，深感荣幸。本书自 1961 年首版发行以来，已经指导全球数以万计的辩论新手掌握辩论技巧，赢得辩论场上的胜利。我们希望中国的众多辩论爱好者也能通过本书提高自己的辩论技巧，获得成功。

我们三人曾经是辩手，也曾担任过普林斯顿大学、斯坦福大学等高校辩论队的总指导，参加过各种辩论赛事。因此《辩手指南》一书浓缩了我们丰富的辩论实践经验。这本书得到了广大读者的认可，被誉为"辩论宝典"，这让人欣喜。尤其令我们感到欢欣鼓舞的是，因为本书对辩论新手的指导清晰明确，传授的辩论技巧实用有效，它在大学院校和中学校园也广受赞誉。正值本书中译本出版之际，我们欢迎远在中国的广大学生也加入到全球日益壮大的辩手队伍中来。

当今世界冲突不断,纷争未绝,希望这本书能指导人们提高沟通技能,运用理性话语缓和矛盾,消弭误解。我们希望能帮助更多人成长为具有真知灼见的社会公民。

最后,我们向所有读者致以最诚挚的问候与最美好的祝福,愿《辩手指南》助所有人收获成功。

乔恩·M. 埃里克森(Jon M. Ericson)荣休教授
詹姆斯·J. 墨菲(James J. Murphy)荣休教授
雷蒙德·巴德·泽斯奇纳(Raymond Bud Zeuschner)荣休教授

2018 年 12 月 27 日
于美国加州

第一章 / 辩论的价值

The Value of Debate

> 随良知而动,自由获取新知、自由说话、自由辩论的权利,方为无上之自由。
>
> ——约翰·弥尔顿,《论出版自由》(1664)

辩论于社会的益处

有幸生活在民主社会中的人们很容易忽略一个事实：世界上尚有一些国家和地区的人民不能享有基本的言论自由。只有在民主社会中，人们才拥有讨论与辩论重大公共事务的专属权利；也只有在民主社会中，所有公民才被赋予通过广征博引来进行说服性论辩的基本义务。

辩论是文明社会最古老的活动之一。现代社会的国会、联邦议会、市议会最突出的特征就是参会人就某一问题的解决方案进行理智冷静、井然有序的辩论。辩论的传统可以追溯至古代国王的议政会。当时的国王允许贵族议院存在的动机就在于希望后者能为自己治国理政献计献策。如果议院成员意见不能统一，他们将获准在国王面前进行公开辩论，最终由国王裁定采纳哪方意见。

民主社会中的人们可以通过多种途径建言献策，提出解决社会事务的新方案。比如，说服相当数目的民众为新提案署名，从而让这项提案成为全民公投的议案。支持者可以通过公开演讲来说服更多的民众投票支持这一议案。如果支持者达到一定的数目，这项议案将会被写入法律。以这种途径来表达自己的观点，无疑要时刻准备着接受公众的质疑与挑战。在此情形下，懂得如何通过辩论说服公众接纳提案就显得至关重要。当然，一位优秀的演讲者也可以公开驳斥有欠缺的提案，从而达到不改变当前制度或维持现状的目的。

我们对立法机构成员间的正式辩论，如美国参议院或众议院里展开的辩论，已经司空见惯。各级议会或议院，都会制定详尽的规则来确保议员遵守辩论的两项基本原则：

1. 一事一议。
2. 意见各方的表达机会均等。

譬如美国议会的委员会制度就保证了每一议案在提交议会全体讨论之前，是在一定范围内经过辩论的。但是不管辩论是在由委员会成员作为裁判的各专门委员会听证会上进行还是在两院的议院里进行，辩手都必须遵守上述基本原则。

或许你没有意识到：除了立法机构成员的活动，辩论其实无处不在。事实上，每一种要求你比较备选方案的情形，都会迫使你对这些备选方案的优劣进行辩论。有时候，你为此不得不与自己展开辩论，比如，决定是否去大学读书或者选择去哪所大学就读；有时候，其他人在你面前进行辩论，比如有竞争关系的售货员争相劝说你购买他们各自的商品时，你就是这场辩论的裁判。我们通常意识不到辩论的存在，原因在于一对一交流时，我们往往会忽略自己实际上是在面对一场辩论。比如当一名商店里的售货员向我们推销商品，他／她的行为就会充分展现出辩论的本质特征。售货员通过营造似乎有"第三人"在场的假象，以类似于"也许你觉得这个商品很贵,但是……"这样的话语表明,他非常清楚如果要让你"自我"中的裁判做出有利于他的选择,就必须驳倒你的"自我"中反对他的那部分声音。

因此,你此刻正在学习的辩论方法将会成为人生的极大助力。即便不做律师或者议员,你从书中学到的辩论技巧也会有用武之地。

辩论于个人的益处

美国自正式举办第一场校际大学生辩论赛(哈佛大学对决耶鲁大学的辩论赛,1892年)以来,已有数十万名高中和大学在校学生参加过高校辩论赛。历任普林斯顿大学校长、新泽西州州长、美国总统的伍德罗·威尔逊在普林斯顿大学求学期间就非常热衷于参加辩论活动。美国前总统肯尼迪、尼克松、卡特和克林顿在学生时代也都参加过辩论赛。美国前总统奥巴马在担任《哈佛法律评论》的编辑时每天都得用上各种辩论技巧。要学会辩论,个人只有对学习的内容与目标有清楚的认知,才能事半功倍,否则很可能耗时多年,却收效甚微。《辩手指南》一书旨在厘清以下两个相互关联的观点:(1)个人只有清楚地了解将要从事的工作,才可能把这项工作做好;(2)个人只有在有能力做好一项工作时,才能全面地理解这项工作。

就个人而言，你将从辩论中收获优秀辩手必备的七项能力：

1. 收集和组织观点的能力。收集海量资料，并从中筛选出最切合某一辩论主题的材料，是一个成功的辩手应该具备的能力。

2. 用提纲式结构思考和发言的能力。在辩论中，相互冲突的观点以及大量事实材料常常使受众感到困惑。因此，清晰的表达是一种美德。辩手不仅要在头脑中提纲挈领地把握整个辩案，而且要能条分缕析，清晰地向听众传达。

3. 梳理观点主次关系的能力。假设辩论各方以适当的语速讲话，一位辩手将在一个论辩回合中听到对方辩手说出4500至5000个词语。这位辩手与队友又将说出4500至5000个词语。只有把主要观点与次要观点的层次梳理清楚，辩手才能弄明白这么多的话语究竟表达了什么含义。

4. 评价证据的能力。辩论中，并非每一个主张、引语、统计数字和观点都值得反驳。智慧的辩手能够从中择选最重要的证据。

5. 洞察逻辑关系的能力。一位成功的辩手能把与辩题相关的所有的证据视为一体，并能洞悉各部分之间的联系。亚里士多德曾指出，于事物的差异中察觉共性是天才的特质。听众在面对辩论中的大量论据时容易感到困惑。如果辩手能够厘清各证据间的逻辑关系，并能清楚地传达给听众，辩论获胜的概率将会大大增加。

6. 随机应变的能力。辩手提出了新的论据和论证，辩论场上的局势也将随之变化。因此辩论重视考察辩手的应变能力。这不仅要求辩手的语言表达条理清晰、逻辑严谨、分析到位、有说服力,而且要求辩手必须及时回应。充分的准备与整体把握辩题是辩手在辩论场上灵活应变的动力源泉。

7.说服他人的能力。不论是在辩论中还是在其他类型的讲话中,发言者绝对有必要知道听众期待什么,懂得如何获得特定听众的认同。拥有了上述七项能力,你就是一位极具说服力的演说者。

《辩手指南》将帮助你轻松掌握上述技能。这不仅会助你赢得高校辩论赛,而且也将帮你在人生的每道关口做出选择,因为每一次认真的选择都是一场真正的辩论。

往大了说,在你所生活的社会中,个人表述观点的能力对于维护个人利益以及维持和保护社会的利益都非常重要。正如阿德莱·史蒂文森在《公民的教育》一书中所说,"请大家记住一条政治学公理:有什么样的人民就有什么样的政府。你们的政府正是你们民众自己种出的果。我们美国政府或许可以被定义为真正关心民众的政府。正因如此,这个政府也要求民众对它付出同等的关心和忠诚。"(《我之所思》,R.凯斯·凯恩,1956)

要培养出优秀的公民不可能单靠提高辩论技巧,然而公民若不能条理分明地、有效地表达自己的观点,则与哑巴无异,再卓越的思想也会被淹没在众声喧哗中,压根不会被人听到。辩论对于公民个体与社会的重要性由此可见一斑。

> 了解了辩论的重要性与价值,读到此书的你可能迫不及待地想踏上通往辩论王国的探险之旅。宇航员萨莉·莱德说:"所有的探险,尤其是进入一个我们一无所知的领域,都是令人恐惧的。"因此在接下来的第二章中,我们将首先带大家了解辩论的全貌,包括辩论的过程、辩论的组成、辩论的基本原则与方法。

第二章 辩论的过程

Understanding the Process

须学会自己用眼来看,用耳来听,用心来思考。

——马尔科姆·艾克斯,美国社会活动家(1925—1965)

辩题的类别

在美国,几乎所有学生辩论赛的辩题都采用"价值类"或者"政策类"。前者是关于价值观或事物存在价值的一种论断,后者是主张应当遵循某一行动方针或者应当实施新政策的一种断言。下面就是往年辩论赛的部分辩题:

❖ **价值类辩题**

辩题1:美国教育体系未能完成教育使命。

辩题2:平权法案助长了不合理雇佣行为。

辩题3:美国需要奉行明显有利于发展人权的外交政策。

辩题4:公民的个人隐私权高于其他宪法权利。

辩题5:美国向民主制度尚需完善的国家提供援助具有正当性。

❖ **政策类辩题**

辩题1:应当禁止美国对西半球其他民族与国家的内政进行军事干预。

辩题2:美联邦政府应该大大削弱本国工会的权力。

辩题3:美国应在对外军事合作中承担更多的义务。

辩题4:美联邦政府应大力加强对美国大众传媒的监管。

不论是准备辩护还是反驳上述立场,辩手首先应当明确自己在辩论中要做什么。什么是价值类辩题？什么是政策类辩题？辩论中会发生什么？我们先认识一下事实类、价值类和政策类这三类辩题。

事实类辩题：描述现在或过去的事实

事实类辩题极少出现在学生辩论赛中。例如，"空中撞机事故是由于一部无线电波接收设备发生故障导致的"或" 被告的确是犯有谋杀罪"。事实类辩题要求证明过去已发生的事实确实存在。这类辩题的标志性特征就是动词"是"。 这类辩题的辩论，要解决的难题就是确认某事或某种状态是否存在或是否已发生，因此其总是与过去的事实有关，如：导致撞机事故的原因是什么，杀害死者的凶手是谁等。"帝国大厦的高度是 831 英尺"这样的辩题也与过去的事实有关，因为帝国大厦这座建筑物必须先于辩题的陈述存在。在此类辩题中，时间要素尤为重要，因为它将辩论限定在回答"是"或"否"的框架内。正是由于这一局限，事实类辩题较少出现在学生辩论赛中，而往往出现在法庭辩论中。

价值类辩题：进行价值判断

价值类辩题包含以下几个要素：

1. 正在被评价的事项，或者对某一事项做出了何种价值判断。

通常价值判断事项就是辩题陈述句的主语。如"辩题：自由贸易可取"，此处的"自由贸易"就是正在被评判的事项。

2. 提示价值判断指涉时间的动词。"曾经是"或者"当时是"提示该辩题是判断某一事项过往的价值，如辩题"奥巴马政府执政时期的经济刺激计划当时是很不给力的"；"是"表明价值判断不涉及具体时间，是一般性判断，如辩题"言论自由是最重要的宪法权利"；"将来会是"则表明辩题是关于未来价值的判断，如辩题"近海石油开发将来会是有害的"。在学生辩论赛中，辩题中最常用的提示动词是表示一般性价值判断的"是"，前后不加任何表示时间限定的副词。

3. 评价词。如"不足""重要""不利""有益"或"有害"等。这类辩题的难点在于为那些看似主观的断言找到可接受的论据。必须由辩论正方来确定辩题中的价值判断标准是什么。例如，"可取"的标准是什么？我们要提供哪些相关证据，才能让我们的评价对象进入"可取"的范围？因此，价值类辩题的辩论由两个部分构成：（1）关于评价词的质量或合理性的辩论；（2）关于评价词是否适用于描述辩题主语的辩论。辩案准备的其他方面以及如何细化价值类辩题三要素的问题，我们将在第四章进行介绍。

政策类辩题：敦促未来的行动

政策类辩题也包含与价值类辩题相同的一些要素，只是功能略有不同。以辩题"美国应当施行自由贸易政策"为例，我们来分析这些要素：

1. 实施行为的主体。与价值类辩题的被评价事项一样，这一要素通常是句子的主语，如辩题中的"美国"。

2. 动词"应当"是动词短语的第一部分，意在敦促行动。

3. 紧跟在"应当"后的行为动词。两个动词一起构成的组合，比如"应当施行"表示通过政府手段实施一项计划或政策。

4. 行动的指向或限制。如短语"自由贸易"给出了辩题中政策行为的具体方向，同时限定了行为的范围。这样就排除了讨论关税加征、外交承认或跨州商业活动的可能性。

政策类辩题涉及未来的行动。整个辩论就是讨论这些目前尚未发生的行动是否应当发生。当你在辩论中选定正方立场，就意味着你要提供充分、有力的证据，以便说服听众实施你所提议的行动；如果选定反方立场，就等于承诺自己将提供充足的理由阻止听众接纳正方的论据。

辩论的基本规则

首先，我们应当明白辩论的性质决定其基本规则或总体原则。第一条规则就是，辩论双方同意由一方努力达成某事，另一方则尽力阻止。后面一章会比较详细地解释这一规则,这里暂不讨论。下面我们简单地介绍一下辩论的另一规则。

根据美国学生辩论赛的规定,双方立场一旦确定之后,不论是正方(议会制辩论赛中的"政府")还是反方(在议会制辩论赛中被称为"反对党"),辩手只能有一个立场。换言之,辩手在美式辩论中只能支持一种观点。这一点不同于英国学生辩论赛的规定。在英式辩论赛中,辩手的立场并不固定,辩手可以在辩论过程中随其他辩手立场的变化来调整,如有需要可以改变自己的立场,甚至能与原本立场敌对的一方结成同盟。在牛津辩论社的辩论赛及其他议会制辩论赛中,辩题往往以问题或表态的形式出现,如"辩题:议院对巴勒斯坦的局势深感痛心",或者"阿以危机是否有解决途径"。因而在英式辩论中辩手的立场可能就不止两个了。

团队辩论赛则是由立场相反的两支队伍构成,他们在辩论全程始终坚持各自不同的观点。这样的安排完全是出于"为了辩论"这一目的。正、反两方的辩手和听众相当于达成了"协议":辩题的正、反两个立场分派给两支队伍,因而可以得到同等的关注。从听众的立场来看,这一程序提高了辩论的效率。之所以这样说,是因为两支队伍都会各自使出浑身解数找出所有可用的证据,用最有力的方式将它们展示出来。对每一位辩手来说,这一规则对他们也同样有利,因为各方辩手只需专注于己方立场,在辩论场上回应跟他们做了同样准备的对方辩手。

辩手发言的顺序

辩论赛形式多样，不同赛制对辩论环节的设置以及各辩手的任务都有不同的规定。但不管是哪一种赛制，都共同遵循如下原则：标准的团体辩论赛在程序上要求每支队伍由两人组成，在一轮比赛中由正、反双方进行辩论。

首先由正方或政府一方立论表达己方立场——也就是辩题的正方立场，然后轮到反方一辩或反对党一方的立论陈词，接着由正方二辩发言，最后再轮到反方二辩。大多数比赛还包括两次立论陈词之间的交互质询环节。议会制辩论的关键特征是在立论陈词环节通常允许某种形式的提问或交互质询，对方辩手可以直接喊出"信息问题""程序性问题""个人特权问题"来打断正在进行的发言。议会制辩论通常不会另外安排交互质询的时间。

反方二辩做完立论陈词之后，经过短暂的休息（这个环节往往会被省掉），反方一辩开始进行驳论陈词。接着双方辩手按正方一辩、反方二辩、正方二辩的顺序依次交替发表驳论陈词。把立论、驳论和交互质询的环节算到一起，各辩手发言的顺序如下所示：

❖ 立论陈词

　　正方一辩

　　　　反方二辩质询

　　反方一辩

　　　　正方一辩质询

　　正方二辩

　　　　反方一辩质询

　　反方二辩

　　　　正方二辩质询

❖ 驳论陈词

　　反方一辩

　　正方一辩

　　反方二辩

　　正方二辩

❖ 在议会制辩论中,发言的通常顺序

　　首相立论陈词

　　反对党领袖立论陈词

　　内阁成员立论陈词

　　反对党成员立论陈词

　　反对党领袖驳论陈词

　　首相驳论陈词

在立论陈词环节，反方或反对党最后发言；在驳论陈词环节，正方或政府一方最后发言。由于最后发言的一方占有一定优势，所以这样安排发言顺序，就可以保证正、反双方有同等的机会来回应对手的攻辩。

辩手发言的时长

在学生辩论赛中，交互质询辩论通常包括 8 分钟的立论陈词、3 分钟的交互质询和 4 分钟的驳论陈词。如果没有交互质询环节，学生辩论赛一般采用 8—4 或 10—5 的时间分配形式。如果有交互质询环节，一般采用 8—3—5 或 10—3—5 的形式。大多数情况下，赛事各环节的时间分配通常取决于比赛惯例，有时也会应比赛主办方的要求或承办协会的规则另作规定。"林肯－道格拉斯式辩论"，即一人一队式个人辩论赛，也有自己的时间分配模式。议会制辩论中各辩手的发言时长通常是这样安排的：

首相立论陈词——7 分钟

反对党领袖立论陈词——8 分钟

内阁成员立论陈词——8 分钟

反对党成员立论陈词——8 分钟

反对党领袖驳论陈词——4 分钟

首相驳论陈词——5分钟

在大多数议会制辩论中，辩手的发言有可能会被对手的提问或者"议会制质询"打断。不论采用何种时间分配形式，正反两方都可以得到相同的时间陈述自己的立论论据。如果有交互质询环节的话，质询的时长是一样的，在驳论陈词中对攻辩人做出回应的时长也一样。

双方交锋的过程

分秒必争

在规定的时间内，正方或政府一方将尽全力说服听众支持己方的立场。听众支持正方立场，意味着听众认同正方对价值类辩题的判断，或者接受政策类辩题中关于未来行动的建议。反方或反对党则试图阻止正方或政府一方。因为辩论发言的时间十分有限，对辩手来说时间宝贵，不能浪费一分一秒。所以说成"分秒必争"一点也不夸张。如果你浪费一分钟来重复自己已经陈述过的内容，那你就丢失掉一分钟的机会。此时，如果你的对手用一分钟的时间陈述了三个证据，或者针对你方立场提出了三条反对理由，就意味着你失去了两次获胜的机会。

此外，辩论很容易把听众弄糊涂。连续48分钟或1小时听4个人争辩，谁都可能被这些相互矛盾的观点弄得晕头转向。对于听众而言，辩论赛的时间实在"太长"，要听的内容实在太多，要完全跟上辩手的发言实在太难。

提纲式思维和提纲式发言

一方面辩手需要时间陈述自己的观点，但另一方面听众接受信息能力已经饱和，因此辩手要用好自己发言的每一秒。不仅要清楚自己这一秒的发言要完成什么任务，也要时刻提醒听众。辩论演说的成功秘诀就是采用提纲式结构思考问题和进行辩论发言。

辩手必须了解己方和对手的主要观点。如果连己方的主要论据都弄不清楚，要抓住对方的论点也会很难。

在实践中运用这一原则，最简便的方法就是把整场辩论形象地理解为两个并列展开的提纲。在这个提纲中，每个辩案根据功能拆分成核心论题、分论点和证据三部分。例如，关于某一具体的政策类辩题的辩案，正方辩手可以列出这样的提纲。

核心论题1：当前美国各州和联邦的高速公路系统很不完善，因为

分论点1：高速公路系统不能满足当前需求，因为

证据：① 具体的支持性证据
② 具体的支持性证据

③ 具体的支持性证据

分论点2：当前高速公路系统的扩展不能满足未来的需求，因为

证据：① 具体的支持性证据

② 具体的支持性证据

③ 具体的支持性证据

④ 具体的支持性证据

分论点3：现任政府对高速公路系统的支持不足，因为

证据：① 具体的支持性证据

② 具体的支持性证据

分论点4：目前高速公路提供的工作岗位不足以缓解失业问题，因为

证据：① 具体的支持性证据

② 具体的支持性证据

③ 具体的支持性证据

如果发言的证据充分且令人信服，那么听众听到这样的发言，他们多半会支持辩手的观点。这种发言包含我们所说的"表面成立的辩案"，即"从表面上看""一眼看去"，发言具有很强的说服力。

同样在辩论中，正方一辩就某一价值类辩题发表条理清晰、论

证充分的立论陈词，也正是在展现一个表面成立的辩案，以说服听众接受正方立场。

表面成立的辩案与正反双方的交锋

辩手们使用术语"辩案"来指代所有收集到的可证明辩题为真（正方）或辩题为伪（反方）的辩论材料。辩案的完整提纲则被称为"辩案概要"。

辩题前设

"前设"就是假定当前事物状态（现状）的存在是正确的。这是一切辩论的起点或出发点。就如法律中的无罪推定，任何人在未经证实有罪之前，均被视为无罪。一场辩论的出发点是将目前的制度（现状）视为合理的，除非正方通过辩案证明这一立场存在谬误。反方的立场是推定现状合理，正方的责任便是提供充分且令人信服的推理和证据推翻现状合理的假定。在法庭上，被告无须证明自己是无罪的，而控方的任务就是明白无误地推翻无罪推定。不管辩题是什么，也不管赛制如何，正方在辩论中的这一责任不变。因此，一场辩论总是从正方的发言开始，而反方的立场从一开始被假定为正确。

表面成立的辩案

正方在辩论中必须展示自己的表面成立的辩案——这是一系列充足的论点与论据的集合,用以让听众支持正方立场,并足以推翻对辩题不利的前设。不管辩题是事实类、价值类还是政策类,辩手的这项责任不变。试想一下,如果辩论中没有反方的存在,在正方一辩发言后,听众会不会还是不信正方所言?如果辩手不能通过自己的言语创造信念或者改变他人的信念,他们自然只能认输。从技术层面看,表面成立的辩案指的是极有可能被接受的辩案,除非它被驳倒,否则很容易被听众接受。因此,正方必须呈现相当具有说服力的辩案,而反方则有责任进行反驳。辩论的交锋就是这样被建构起来的。

确定交锋的领域

大约 2500 年前,普罗泰格拉曾提醒道:"关于任何一个话题,都可以有两套完全相反的说辞。"在辩论中当然也有持相反意见的对方辩手。反方一辩应该如何回应正方的发言呢?为了清晰起见,反方辩手也必须使用提纲将自己的发言形象化。当反方一辩结束发言后,听众脑中可能就能形成如下两套提纲。

正方	反方
当前美国各州和联邦的高速公路系统很不完善，因为存在如下四大缺陷：	正方说目前的公路系统存在四大缺陷。我们将从另一视角审视这四类问题：
1. 高速公路系统不能满足当前需求，因为： ① 证据 ② 证据 ③ 证据	1. 美国的高速公路是世界上最好的，因为： ① 证据 ② 证据
2. 当前高速公路系统的扩展不能满足未来的需求，因为： ① 证据 ② 证据 ③ 证据 ④ 证据	2. 扩大高速公路系统的规模能满足未来需求，因为： ① 证据 ② 证据 ③ 证据 ④ 证据 ⑤ 证据
3. 现任政府对高速公路系统的支持不足，因为： ① 证据 ② 证据	3. 联邦政府的支持充足，因为： ① 证据 ② 证据 ③ 证据
4. 目前高速公路提供的工作岗位不足以缓解失业问题，因为： ① 证据 ② 证据 ③ 证据	4. 失业问题不是一个真的重要议题，因为： ① 证据

如果辩论按上面的模式进行，会发生下面两种情况：

1. 双方辩手已经向听众展示了各自的论据，因此要求听众据此作出判断。观点之间的"交锋"已经被建构起来。现在就要看双方辩手如何在自己所提供的这些论据基础上劝服听众接受己方的结论。

2. 反方的辩手已经宣布不会把失业问题作为一个主要问题来讨论。辩论的范围将聚焦到核心问题上，两队之间交锋会更为激烈。

交锋环节的时间安排

一旦辩手意识到在辩论的过程中要时刻关注己方和对方的论点论据，他马上就会知道自己绝对不能忽略任何可能说服听众的观点。

辩手面临着两个艰巨的任务：其一，他们必须清楚自己希望听众接受什么观点；其二，他们要保证所采用的言语方式不会令听众糊涂。正方一辩不用担心这一点，因为其他辩手还没发言，听众的思路还很清晰。正方一辩还有一个优势就是他的发言可以完全按照自己精心准备、提前演练的那样，保证每一个观点都能按计划、准确地表述出来。但是后面发言的辩手将会面临一个问题。比如说，到最后一位做驳论陈词的辩手站起来发言的时候，前面辩手的发言已经用了总计8000至9000个词语，再加上交互质询环节的问答，最后一位辩手的发言极有可能会搅乱听众的思维。

因此，每一位辩手都需要使用一个双层发言提纲。一层提纲列出己方的辩案，另一层提纲列出对手的辩案。辩手只有提前规划好时间，才能在每个关键点告诉听众辩论的进展。辩手只有自己已经在头脑中分配好辩论各部分所需的时间，才能让听众更好地理解他所陈述的内容。另外，总体的时间规划也是必需的。

在团体辩论赛中，四位辩手要解决的问题稍有不同，所以他们的时间安排也有差异。我们根据高中联赛和大学生辩论赛规则，列出了各辩手的时间分配方案，详情请见"辩手责任"部分的图表。

辩手的责任

各位辩手在立论陈词和驳论陈词中的基本责任如"立论陈词"部分所示。不论是团体辩论赛，还是林肯－道格拉斯式辩论，或是议会制辩论，辩手的发言方案都可以根据这些责任来制定。不管你是辩论新手还是有一定经验的辩手，这份指南都会非常有用。一旦团队指定了发言方案，那么辩手就应该尽量严格按照方案行动。在辩论过程中临时制订新的发言方案或更改方案，都是浪费时间的行为，应该避免。"立论陈词"部分的表格既列出了辩手在发言中要完成的各项任务，也有完成每一项任务所需的时长。

立论陈词

正方一辩	时长	反方一辩	时长
1. 定义术语/确定标准	1 分钟	1. 攻辩（定义术语的最后机会）	2 分钟
2. 简要概括正方辩案，包括己方搭档的部分	0.5 分钟	2. 概括反方辩案	0.5 分钟
3. 展开主要辩案	6~8 分钟	3. 展开主要辩案	5~7 分钟
4. 总结	0.5 分钟	4. 总结	0.5 分钟
合计时长	8~10 分钟	合计时长	8~10 分钟
正方二辩	时长	反方二辩	时长
1. 回应反方一辩对术语/标准的质疑	2 分钟	1. 概括正方观点，反驳其主要论点	2 分钟
2. 回顾正方辩案提纲，反驳反方辩案中的论点，指出反方忽略或反驳无效的论点	2 分钟	2. 重复正方与反方的辩案，指出正方没有反驳的反方观点	2 分钟
3. 扩展并完善正方辩案	3.5~5.5 分钟	3. 扩展并重述反方辩案	3.5~5.5 分钟
4. 总结	0.5 分钟	4. 总结	0.5 分钟
合计时长	8~10 分钟	合计时长	8~10 分钟

驳论陈词

无论是正方还是反方，每位辩手的驳论陈词发言方案都基本相同。只是一方的两位辩手需要像准备立论陈词一样，将任务进行分工。

❖ 一辩驳论陈词

1. 识别对方辩案的所有论点论据，列出己方搭档要回应对方的观点。（30秒）
2. 你所负责的针对对方论点和论据的驳斥。（3~4分钟）
3. 总结己方辩案。（30秒）

❖ 二辩驳论陈词（议会制辩论或林肯－道格拉斯制辩论除外）

针对反方二辩立论陈词的大纲，你要在3分30秒内陈述完毕。留出至少30秒概括己方辩案，并与对手的辩案进行比较。

了解辩论的全过程

如果辩手清楚自己在辩论每一个环节的任务，而且能让听众明白不同观点的交锋，这样听众就可以专心地根据两方的论证和证据做出明智的判断。我们需再次提醒读者的是，公开辩论的目的在于为抉择提供理性思考的机会。如果辩手让自己和听众的思维一片混乱，那么整个辩论就是在浪费时间。为了避免这样的状况，辩手首先要做的是明确自己的目标，其次要规划好时间，运用提纲式思维，把握主要论题，去掉细枝末节，明白无误地向听众传达信息。最为重要的是，需要经常提醒听众辩论的进展。辩手的这一责任，我们称为"与听众沟通的责任"。每一位辩手都要担负起这一责任。

只有当辩手了解了辩论的整个过程，他们才能清醒地思考论据的问题，思考如何说服听众接受自己的论点。即使辩论赛场唯一的听众是教室里的裁判，辩论的目标依旧是让听众接受己方的观点。辩论是结构性的，它由辩题、核心论题、分论点和证据四部分构成。这四部分让辩论的整个过程有了具体形式和连贯性，使辩论产生影响力。它们共同支撑着辩论的整个过程。

本章介绍了学生辩论赛的基本概念与相关的词汇。向读者指出需要关注的一些基本问题，并讨论了辩论的赛制、辩题、辩手责任、时间安排等。复习一下本章介绍的内容，我们立即进入下一章，学习如何制作辩案。

第三章　辯案的基本概念

Underlying Concepts for Case Building

人若仅从自己的立场认知事物，这种认知必定是浅薄的。

——约翰·斯图亚特·密尔，《论自由》（1859）

早在两千多年前，亚里士多德就指出了对演说者的基本要求："任何演说都仅由两部分构成——观点的陈述与观点的证明。"在现代辩论中，当两支队伍选定了己方的立场，就相当于当众宣布了己方的观点。正是为了确保正、反两方有同等机会陈述并证明各自的观点，辩论的结构才被设计成现在这样。现在我们已经对辩论的过程有所了解，接着需要解答的就是下面这两个基本问题："论据是什么？"以及"在辩论中如何使用论据？"

关于论据的基本认知

建立信任

我们很清楚，仅仅陈述辩题是说服不了听众的。如果你说："我们应该增加在高速公路建设方面的资金投入。"你只是宣布了应该采取某措施的主张。在听众看来，你仅仅是把这个问题提出来了而已，接下来他们会问"我们为什么应该这么做呢？"听众没有理由仅仅因为有人提出了一个主张，就去赞同。

不过，如果你能说出"因为……"，列出听众会同意这一主张的理由，你倒是有可能说服他们。当你的听众被问及这个问题的时候，每个人都能回答说"没错，我们是应该增加公路建设方面的投入"，那么你就成功了。

辩手与听众之间形成共识，这是一种再简单不过的关系，也正是辩论的关键所在。如果你的陈述能让听众对你产生信任，你就能在自己与听众之间形成共识。因此，我们可以将论据定义为"任何有助于产生信任的东西"，从辩手的仪态、真诚的表情、说话的腔调，到辩手的演说本身等都可以囊括其中。但是，由于每位辩手都会尽力显得很真挚，表现出自己对辩论话题的兴趣，辩论场上焦点就落在了各位辩手的演说上。对于辩手而言，"论据"这个名词指的是能用以说服听众的任何证据加上辩手的论证推理过程。而"证据"则是指"能证明辩手主张成立的所有事实或观点"。

而另一方面，推理是在证据和主张之间建立联系的过程。因此，仅仅罗列事实、阅读证据提示卡片或堆砌观点还不足以让听众相信你的立场。辩手需要向听众证明自己的证据和主张之间存在清晰的逻辑关系。

图尔敏论证模型

史蒂芬·图尔敏，是哲学家、修辞学家与逻辑学家。他用三个要素描述了把听众从论据引向结论的推理过程，并将这三个要素称为资料、论证和主张。

资料或根据是你收集和处理的信息项目。在辩论中你可以把这些项目看作"证据"。它们可以是你用来支持论点的实例、引文、统计数据或其他材料。你要立足于这些资料来劝服听众接受你的主张。

主张是推理过程的终点，是你的结论，或者是辩论中的分论点。几个分论点共同支撑一个核心论题，而若干个核心论题构成辩题成立的理由。因此，辩论是有一定结构的，辩论中有一系列相互关联的主张，每个主张都由资料支撑。"论证"则是我们将资料相互关联，将各种观点串联在一起的行为和方式。

论证是一个推理的过程，也是我们对少量信息（资料）进行分析，确定其含义（主张）的过程。有时辩手通过论证资料和主张之间存在逻辑关系来推导出己方的结论；有时辩手提供的论证似是而非，或者所谓的论证根本无法构成逻辑关系；还有的辩手辩论时直接遗漏了论证。我们在寻找己方和对方辩案漏洞的时候，往往会忽略推理过程中可能存在的问题。由于识别对手的论据资料更为容易，因此许多辩手往往只攻击对方的证据。此外，识别对手的主张也非常容易，因为它们是辩案提纲的大标题。但是识别论证或者连接论据资料与主张的推理过程，就要费力得多。我们鼓励大家去追问藏在论证框架下面的证明过程和一些逻辑关系的假设。发展议会制辩论的动因之一就是为了呼吁大家关注推理，认识并重视辩论中的论证过程。

下面这张简图可以帮助我们轻松地理解图尔敏模型中的推理论证过程。

除了以上三个元素之间的简单关系，图尔敏还描述了对资料的限定，符合一定条件的资料才能被用以证明主张。图尔敏对主张也有限定：限定词对主张适用的范围进行限定；保留条件限定了主张可能不成立的条件。另外，论证也需要佐证。关于图尔敏论证模型的补充阅读，大家可以参考时下有关论证过程和逻辑的著作。

辩手的三大责任

辩手应当了解自己的三项责任：举证的责任、反驳的责任以及与听众沟通的责任。

举证的责任

辩手有举证的责任，这是一切争论或辩论的首要规则。正方首当其冲要承担起证明辩题论点的责任。其后每位辩手都必须为自己表达的观点提供支持论据。由于每一句论断都需要有证据的支撑,因此"谁主张,谁举证"是所有辩论的基本规则,也是永久性的规则。

反驳的责任

反驳的责任或回应的责任是辩论中所有辩手要遵循的第二条规则。它要求辩手对有充分证据支持的主张做出回应。如果持相反意见的辩手不做回应,听众就会理所当然地同意先发言一方的立场,反对不做回应一方的观点。听众会将不做回应的表现视作辩手同意先发言一方的立场(分论点或核心论题)。在法律中,长久以来存在着"沉默即默认"的原则。这一法律原则也是基于反驳责任提出的。

与听众沟通的责任

每位辩手都有责任向听众陈述核心论题、分论点和证据。如果辩论仅仅是辩手之间自说自话,辩论存在的价值和意义就完全体现不出来。速记符号、专业术语、不完整的文献数据以及不完整的引文,都无法向听众清楚地传达信息。与前面两项责任一样,每一位辩手不仅需要承担起与听众沟通的责任,而且还需要使用之前建议的提纲模式维护辩手的这一责任;辩手发言的时候要使用清晰的衔接词,要对己方的辩案进行介绍和小结,以便对手和听众能够识别己方的核心论题与分论点。同时辩手要在发言中把握好语调和语速,以便听众能够同步理解自己的陈述。

不管辩论赛制如何，辩手的这三项责任首先由最先上场的辩手承担，然后依次由其他发言的辩手传递下去。如果辩手不能承担这三项责任，也就无法完成辩论的任务。

如前所述，当正方辩手开场陈述辩题并争取赢得听众支持时，比如辩手提出"我们应该加大对高速公路的资金投入"，听众只需要问"我们为什么要这样做？"这时，基于举证的责任，正方或现任政府一方必须予以回答。但是在辩手向听众解释了为什么要同意己方观点之后，听众可以对反方说"嗯，有道理，有何不可呢？"这时候反驳的责任自然就落在反方头上。反方必须回应听众的第二个问题，以阻止听众接受正方的立场。两支队伍从立论陈词开始一直到辩论结束，必须承担与听众沟通的责任。随着辩论的进行，这项责任会变得越来越艰巨，因为场上的核心论题和论据的数量在不断增加，而余下的时间却越来越少。尽管如此，正反两方都必须承担与听众沟通的责任，以劝服听众做出最后的判断。

最后需要注意的是，在实际的辩论中，辩手要考虑如何使用论据。我们将论据定义为"用来建构信任的任何东西"。价值类辩题主观性很强，立场的选择本来就是一个相对价值的比较问题。政策类辩题讨论的是对将来行动的选择和预测。因此，哪一方的辩手都无法提供绝对正确、绝对合理的论据。有的辩手在发现对手方提供的论据似乎与己方准备的论据一样有说服力时，会感到很郁闷。但是，这种情况是相当正常的，因为在二选一或者多选一的情况下，我们很难在论据上优于对方。

很显然，任何一个单独的论点不可能成为辩论的终极结论，单独的一条论据也不能最终决定辩论的胜负。因此，辩手必须在论点、证据和推理论证的全面性上下功夫，以确保（或提高）听众接受己方立场的可能性。

随着准备的深入，辩手将面临一系列更为复杂的问题：深入理解辩题，梳理自己和队友的思路，收集论据，预测对手方可能的攻击。虽然这些问题很复杂，但是如果将论证的整个过程分解为四个要素，那么，每个辩手辩论前的准备工作就会大大简化。

辩案的结构要素

一个完整的辩案由四个要素构成，分别是辩题、核心论题、分论点和证据。通过全面了解这四要素的功能以及它们各自与整个推理过程的关系，我们可以将一个辩案进行拆分。推理论证过程虽然不是一个独立的元素，却相当重要，它赋予每个结构要素以意义，并将它们串联在一起。下面我们首先对这四个结构要素进行定义，接着通过实例，介绍如何运用这些要素制作辩案。

辩题

辩题（或正方立场）是指用陈述句形式表达的判断。每场辩论都是围绕一个辩题展开的。为了保证每一个人都能对将要论辩的话题有非常明确的概念，辩题的措辞必须非常严谨。上一章我们已经介绍了事实类辩题、价值类辩题和政策类辩题。其中，价值类辩题和政策类辩题是学生辩论赛的常用辩题，这两类辩题主要由核心论题、分论点和证据来证明。

核心论题

核心论题常常被称为核心论点。论题是需要得到证明的一组结论。如果这些结论能被证明，辩题的主张就能成立。论题也是正方的主要观点，这些观点是辩题主张得以成立的基本依据。经过分析，我们就能找到和辩题密切相关的核心论题。常识告诉我们，如果要证明现状应当改变，那就首先要证明现状出现了问题，或者改变现状能带来更多的益处。简而言之，核心论题就是，现状的改变存在必要性，这就是必要性论题。

分论点

分论点，是推理论证过程的终点，是一种主张。与其他话语不同，分论点的关键特征在于表述分论点的句子直接或者间接地说明了推理的过程。例如，"报纸在桌子上"这句话不是分论点，但是"如果我们不关窗，桌上的报纸会被吹走"是分论点。因为它包含了一个推论或者一个推理过程的结果。分论点可以独立出现，但通常需要证据予以证明。

证据

证据是关于事实或观点的陈述，用以说服听众接受某一主张。在辩论中，证据是达成某一目的的一种手段。这个目的可以是建构信念、创造信任或是证明论点。证据通常被视为是论据的原始材料。其实，所有相关的事实和观点都应当成为每位辩手进行推理论证的基础。辩手选择并引用的事实和观点就是他的证据。

> **案例：四要素的功能**
>
> 在上一章，我们举例说明了在高速公路建设的政策类辩题中正方辩案提纲和与之相对应的反方辩案。这里我们再举一例，看看如何运用四要素搭建一个价值类辩题的辩案框架。
>
> 辩题：(正方立场) 各国政府大力加强对进出口贸易的管控是合理的。

> 核心论题1：对于国家安全的考虑是加强贸易限制的正当理由。
>
> 分论点1：高科技产品会流入我们的敌对国。
>
> 证据：① 国务卿的证词：电脑科技的先进成果流向了支持恐怖主义的国家。
>
> ② 国防部的报告：军事装备经第三方被转售给他国。
>
> 分论点2：技术流失危及我们的国家安全。
>
> 证据：① 引自美国国会听证会的部分言论：他国或组织使用美国的技术对美国国家安全造成了危害。
>
> ② 参谋长联席会议的声明：技术转让给美国军方带来了更大风险。
>
> 核心论题2：美国国内工业需要得到保护。
>
> 分论点1：纺织品进口损害了纺织业。
>
> 证据：① 因进口所致的纺织业失业人口的统计调查数据。
>
> ②（如果增加了新的核心论题、分论点和证据，辩案的提纲还可以继续扩展下去。）

现在你就能明白在价值类辩题和政策类辩题的辩论中各要素之间的关系了。规则很简单：所有的辩题由核心论题来证明，核心论题由分论点来证明，而分论点又由具体的证据来证明。这四个要素被推理过程黏合在了一起。推理过程就是辩论的第五个结构要素，也是永远不会缺席的一个要素。

在你进入第五章的时候，不要忘记这些要素的关系，因为你需要以提纲为基础建构正方和反方的辩案。上面的案例展示了辩案框架的基本结构。你也需要记住图 3-1，它清楚地呈现了辩案框架四要素之间的图式关系。

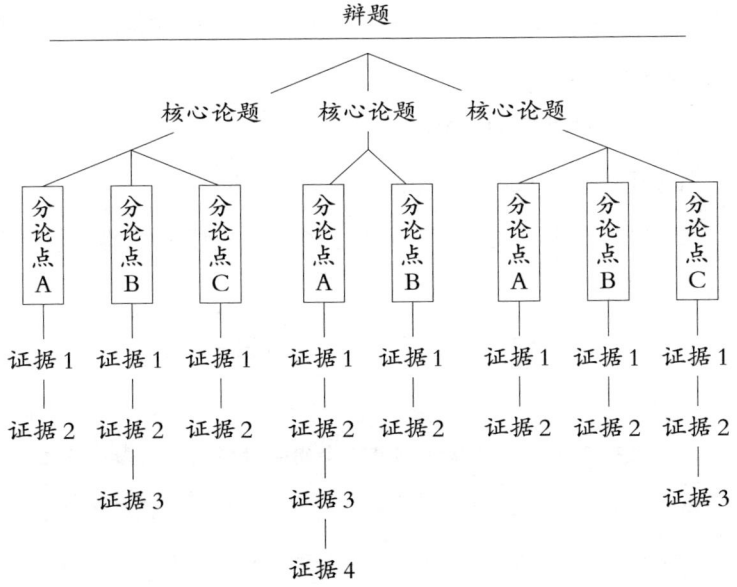

图 3-1 辩案四要素之间的关系

如上图所示，辩案是建立在证据基础上的。辩手拥有高质量的证明材料，包括事实、观点和推理论证，同时让听众觉察到证明材料的说服力，这些是构成所有辩案的基础。

高质量的证据从何而来？辩手应该选择什么样的材料？辩手如何记录和储存这些资料以备后用？在接下来的第四章，我们将揭晓这些问题的答案。我们将使用第四章介绍的信息检索和记录方法开展对辩题以及相关主题的研究。你会发现这些信息检索技巧，对大家将来的作文考试、学期论文写作、报告撰写甚至学位论文写作都会很有帮助。

请牢记四要素之间的关系：

1. 辩题由主要核心论题即核心论点来证明；

2. 核心论题以主张的形式呈现，并由分论点即暗含推理过程的话语来证明；

3. 分论点由我们可收集到的最有力的证据来证明。

现在你已经了解如何创建一个完整的辩案了，接下来就该学习如何让你的辩案内容清晰、证据翔实、逻辑严谨并且具有说服力。在你进行辩题研究和证明的过程中，你的辩案就会逐渐显示出这些特征。这将是下一章要讨论的内容。

第四章　辩题的研究与证明

Research and Reasoning

投资知识,获利最丰。

——本杰明·富兰克林,《穷人理查德年鉴》(1733)

如何获取最新知识

辩题研究的价值

辩题研究是查找信息和资料来证明某观点或论点的过程。查找的目标越具体,效率就越高。对于辩手而言,辩题研究是辩论赛准备的第一步,也是一个持续的过程。之所以说它是第一步,是因为辩手只有在对辩题的背景知识有了最全面的了解之后,才可能对核心论题和分论点进行合理的分析。准备辩论并不轻松。首先,辩手需要思考辩题的话题是什么,相关子题有哪些,辩题中的哪些术语需要定义和分析。话题范围的含义相当重要,所以你需要认真思考,并与其他同样关心此话题的人讨论。一旦辩题的话题范围确定下来,我们的研究工作就可以更聚焦。有些赛制只允许辩手在比赛前夕知道辩题。因此,广泛阅读新闻时事与公共政策有助于辩题研究。下面是辩题研究的入门指南。

利用参考文献

辩题研究的第一步,就是找出有哪些文献资料有助于我们了解辩题所涉及的内容。使用参考书目是检索相关资料最有效的方法。参考书目是关于某一特定主题的文献资料集合。使用参考书目至少有三个好处:(1)参考书目是精选文献的列表,通常只列出目前可检索到的质量最好的材料;(2)参考书目常常通过注释或引用书评对某书或某文章的价值进行评估;(3)编排有序的参考书目有助于辩手整体把握哪些参考文献可以用,并为此后的研究指引方向。

有读者可能会问:怎样才能找到涉及某一特定问题的参考书目呢?答案是:有人已经想到了大家的需求,编好了参考书目指南。这些指南是根据主题词编排的,而且提示在某一主题下可以找到哪些参考书目。绝大多数辩手首先从网络着手,在网上搜索辩题中的关键词。网上可能会出现一系列令人眼花缭乱的参考文献和链接。为了更好地使用这些材料,你首先需要把它们大致梳理一下。下面我们将介绍一个简单的方法,帮你开始这项工作。

阅读相关资料

第一条原则是,阅读资料应该遵循从一般到特殊的顺序。这个循序渐进的原则基于有充分根据的假设:在解决具体问题之前,我们首先要对问题有一个总体的了解。即便辩题的主题直到辩论当天才公布,我们也要记住关键是广泛阅读可信度高的资料。唯有如此,我们才能在论辩中做到博闻强识,合理论证。我们需要先确定核心论题,接着是查找能证明它们的分论点,然后才是具体形式的证据和论证过程。这个方法与辩手的其他前期准备工作思路是一致的。

因此，我们从一般性资料开始阅读——也许是一本经典著作和公认的调查报告，也许是维基百科的一个条目，也许是其他类似百科全书式的概览，然后再过渡到涉及某些具体问题的参考资料，可能是期刊论文，也可能是内容出处可考的网络文章，最后再浏览其他书籍、文章、研究报告和新闻报道，收集具体的证据。

阅读资料的第二条原则是首先查找核心论题，其次发展出分论点，最后再集中精力收集证明分论点需要的证据。最高效的方法是，拿到一份参考文献后，你先简略浏览全文，然后再真正地开始阅读，并做笔记。

做好阅读笔记

由于辩手无法记住所有的参考资料，所以需要针对已经阅读的内容做笔记。紧接着，辩手会面临一个问题：什么时候做笔记？在研究辩题的过程中，辩手会发现文献资料并不是按逻辑顺序一一登场的。辩手在读第一本介绍一般性内容的参考书时，发现了一组统计数据。这时，辩手也许还没想好怎样使用数据证据，或者还不确定这组数据是否有价值。在这种情况下，必须要谨慎。辩手要对所有看起来有价值的材料加以记录或标识，这是一个不错的办法。因为多记总比少记好。随着辩手对主题相关背景知识了解的深入，这一问题也将逐渐得以解决。

指导原则:

1. 记笔记的时候,假想将来笔记的使用者是其他人。

2. 请记录下完整的信息,确保即使过几周或几个月以后再看,也能清楚地了解信息的意思。假设自己只有一次机会能读到手中的资料。

3. 每一张卡片上只记录一条信息。

4. 记录格式保持一致,并有完整的文献出处信息。MLA(美国现代语言协会)格式和芝加哥格式是使用最广泛的脚注、书目引用格式及论文格式。

5. 笔记的卡片、表格、文件或单位的类型要保持一致。大多数辩手在比赛中使用的手写提示卡大致是 10 厘米 × 15 厘米,这也是这类卡片的最小尺寸。

6. 反复阅读笔记,可以帮助你消化吸收研究的结果。消化吸收了研究成果,你才能在辩论过程中更好地组织和表达观点。没用的资料可以删除或省略。

整理笔记的重要性,无论怎么强调都不为过。作为一名辩手,你在赛场上的成功和进步都将由自己所收集的信息的质量和整理信息的方法来决定。分析核心论题,发现分论点,陈述主张,其中的每一步都将基于你现在阅读和记录的信息。准确地做笔记可以帮你在接下来的工作中发现高质量的证明材料。反之,不准确或草率的笔记,会导致你在后期提出错误的假设。如果你在辩论赛中提供存在谬误的信息，却声称它是真实准确的，就可能因此受到比赛组委会的惩罚：你可能会被赶出比赛，或被禁止继续参加后面的角逐，甚至被彻底禁赛。非洲阿善提人的格言提醒我们："谎言只用说一次就能毁掉你说一千次真话的努力。"

针对使用虚假证据的惩罚是非常严厉的。你应该从现在就意识到这一点，确保笔记清晰准确，出处完整，避免将来误用。下面是关于手写卡片的例子。

计算机培训对女性的帮助大于男性

乔·道宁与西西里·卡蒙，西肯塔基大学传播学教授

"在基础课教学中教学生如何使用演示软件"

《传播学教育》，第 50 期——2001 年 7 月，第 228 页。

"各项研究都表明，大学本科女生接受技能培训后收获明显高于其他受试组。同时接受 PowerPoint 软件使用技能和计算机基本操作技能两项培训之后，所有受试组的女性自信心提升的幅度显著高于同组男性。"（研究测试了调查对象在接受实际操作培训后与阅读操作手册后的表现，调查于 1999 年完成，调查对象共 76 人。）

有了这样的手写索引卡或在电脑中录入了这样的数据条目，你

就能很容易地识别出正在处理哪类信息。如有需要的话，你也能在讨论、比赛或应对挑战时，很快找到信息完整的出处。使用数据库时，你可能需要创建几个文件夹，因为同一份笔记有可能会被交叉存档或交叉引用。你要意识到你需要对所有证据负责，即使信息不是你亲自从原始文件中找到或复制下来的。如果你从他人那里抄写资料，将来你就要对这份资料负责。因此你首先要确保自己誊写的内容准确，并尽快仔细复查原始文件。假如在辩论赛中，你碰巧使用了不准确的证据，你就不能说"嗯，这不是我的错，我是从队友那里抄来的"。因为受到惩罚的将是你，而不是你的队友。当你的队友翻阅你整理的资料时，准确的记录也可以帮助他们。如果所有队员都能遵循同样的准确性和完整性标准，那么整个团队将会从中受益。

访谈专家 / 个人资源

在了解辩题的相关背景知识后，与那些接受过相关领域培训的经验丰富人士进行讨论，对你会很有帮助。访谈的机会非常宝贵，因为不管是在哪个领域，无论一位专家发表了多少成果，他所知晓的东西远比已经发表的内容多得多。你所在地的院校可能有这样的专家。在政府部门、研究机构或者特殊利益群体，可能也有一些工作人员对与你辩题相关的话题了解颇多。你可能需要与这些专家预约访谈时间，团队的多个成员可以一起参加。预约好具体的访谈时间，提前准备好访谈问题，备好充足的纸和笔，甚至电子录音笔，这些都能确保访谈成功。

集体讨论

在辩论准备阶段，讨论的价值再怎么高估也不为过。与其他人讨论想法，辩手就会发现问题还有新的一面，为提出解决方案找到新的思路。讨论的好处在于，辩手有机会彼此交换信息。虽然一般性的讨论在辩案准备的初期确实有一定帮助，但最有价值的讨论通常聚焦辩题的某一方面。有效的研讨由一系列这样的讨论会组成，每次讨论都预先告知主题，所有人提前做准备。等到讨论的时候，每个辩手都能带着自己查到的相关材料、观点、问题和自己检索的成果来参加研讨。

整理资料

辩手们已经认真做过资料查找工作，接下来他们想系统地整理并归档参考资料。这个阶段细心整理的资料不仅有助于接下来准备辩案，而且会在实际辩论中派上大用场。

1. 何时整理材料。如果你对辩论主题的背景知识还没有足够全面的了解，那么资料整理的工作需要暂时延后。如果此前的准备工作尚未完成，你就无法在笔记中使用主题词。我们可以先把初定的主题词写在卡片上，随着研究的深入再不断修改。

2. **如何整理材料**。这里介绍几种常见的整理材料的方法。一种方法是用一个活页笔记本，将辩手可能用的所有材料整理成卡片格式。将立论陈词的提纲、证据的索引、攻辩材料的卡片与笔记页等统一归置到一处。如果使用活页笔记本方法，你需要非常细心地整理资料。这种方法最明显的优点在于辩手可以将所有材料都归置在一起。把复印后的笔记贴到索引卡上，这是最方便的，但很难将它们系统地整合到笔记中。目前市面上出售的最新的塑料夹页笔记本不便携带，空间也不够，价格还比较昂贵。另一种方法是，使用一个文件箱，箱里放索引卡，并用主题词标签把箱子分成不同小格。也有一些辩手同时用这两种方法，将辩案提纲、攻辩卡、最常用的证据卡放在活页笔记本里，将记录内容较多的其他材料放在文件箱里。笔记本电脑可以有效地储存大量信息，但是必须对这些材料进行索引编号，以便能迅速地检索信息。标记关键词有助于快速获得辩论所用材料。经常更新信息，删除无用信息，能使你的信息库体量维持在可操作的范围内。事实上，有经验的辩手使用的论辩材料会尽量少而精。信息库太庞杂可能说明辩手对资料缺乏辨识力。随着辩论技巧越来越成熟，你会越来越容易找到适合自己的信息整理方法。

3. **组织什么材料**。大多数辩手希望参考两类笔记。第一类是客观陈述事实或观点的证据笔记，供辩手在需要的时候使用。大多数的资料卡片都属于这种类型。另外一类是攻辩卡片,是基于对对手论点的预测而准备的反驳提纲。通过使用攻辩卡片或攻辩笔记页,在反驳的时候辩手可以提前准备最有针对性的证明材料予以回应。如果辩手已经做好了这方面的准备,那么在辩论过程中,辩手就不用"临时抱佛脚"地想办法应对对方的反驳,辩手只需要回顾一下预备好的深思熟虑的回答就可以了。正如温布尔登网球公开赛冠军奥尔希·吉布森所说:"我们大多数人渴望登上本领域的巅峰,却很少认真思考如何让自己一直处于巅峰。"

如何使用公开出版的辩论素材

除了亲自做辩题研究之外,辩手还可以使用批量生产出来的手册和CD。这些资料提供了正反方的辩案提纲和大量证据材料。有的辩论团队会购买这样的资料,但很少有人会以此替代队员的辩案研究。如果辩手将辩案研究仅限于使用这些事先被人咀嚼过的材料,辩论以及辩论培训就失去了价值。研究辩案的技能是一项花钱买不到的宝贵技能。此外,使用手册或CD的辩手也会失去发现和创造的乐趣。他们所做的辩论将是单调乏味的,也会反映出辩手缺乏积极性。不过我们可以参考书中关于团队论点和笔记的格式,还可以利用书中的资料以便找到深入辩题研究所需的参考书目。手册可以帮助我们开始准备辩论,但是真正的辩论可以为学生们提供一个掌握研究技能的机会。当你完成调查、分析、挑选和撰写报告这些学校课程布置的任务时,辩题研究的技能就会显示出价值了。在所有的学术领域和需要脑力劳动的行业里,调查、分析、筛选资料和撰写报告都是很常见的工作。如果你使用购买的论辩材料,就掌握不了这项宝贵的技能。所以最明智的做法就是尽量不要使用这些现成的辩论材料。

上面我们介绍了查找证明材料的方法,但是你如何决定留下什么或删掉什么?一个行之有效的办法就是了解各种论据的性质。因为论据是用以支持论题和论点的材料。下面我们将讨论如何通过对材料的研究和对推理过程的分析来寻找论据。

如何证明辩题

核心论题(Issues)[①]

在辩案中,核心论题都是以陈述句形式出现的。这些陈述句共

[①] 译者注:英文"issue"一词指的是一个由陈述句来表述的论断。在英文版中该词被用于不同的语境,在本书中被分别翻译成"核心论题"与"核心论点"。当强调其与辩题之间关系,即作为辩题成立依据的一组论断,则翻译为"核心论题",包括后文将介绍的"必要性论题"(necessity issues);当强调其与论据(arguments)之间的关系,需要由后者进行证明,则翻译为"核心论点"。

同构成一组论点。如果这一组论点都得到了证明，最后的结论就是这些核心论题支持的正方立场应该被采纳。从形式上看，支持核心论题的要素有两个：分论点（arguments）和证据（evidence）。分论点本身包含一定推理逻辑，能直接证明核心论题；证据是一些原始资料，是进行推理分析的基础。如果按照本书的建议在准备辩论，你可能已经开始收集与辩论主题相关的信息、知识和证据了。这些信息能为你提供一些思路。在某些情况下，你甚至可以从已获取的信息中推导出一些推断或结论。下面的例子展示了如何使用分论点和证据来对正方或反方的立场进行论证。无论是事实类、价值类还是政策类辩题，从证据到分论点的论证过程都是一样的。

分论点（Arguments）[①]

辩案中的分论点，又被称为论据，是核心论题得以成立的依据。下例中的必要性论题是用三个分论点来进行证明的。

[①] 译者注：英文"argument"一词指的是用于证明某论点的材料，既包括事实等证据（evidence），也包括连接证据与论点的推理论证过程。在用于不同的语境时，该词被分别翻译成"分论点"与"论据"。当强调其与核心论点之间的关系时，即其作为核心论点成立依据的功能时，翻译为"分论点"；当强调其在整个辩案中的功能，即对正方或反方的立场进行证明的材料，则翻译为"论据"。

例:如何使用分论点来证明必要性论题

必要性论题:当前有必要对有关核试验和核能开发的政策进行变革。因为:

分论点 1:该政策实质上是鼓励军备竞赛,而历史经验已表明军备竞赛会引发战争。因为:

① 以 1910—1914 年为例

② 以 1933—1939 年为例

分论点 2:如果继续现行政策,全人类将面临核辐射的威胁。因为:

① 统计数据

② 专家观点

分论点 3:核试验和核能开发必须立即终止,否则我们将面临更多的危险,而且将来对它的控制会更难。因为:

① 许多其他国家将拥有核武器。

 a. 统计数据

 b. 专家观点

② 对它们的监管将来会变得更加困难和昂贵。

③ 滥用核武器带来的危险会增大。

论辩学的基础知识

一名辩手如果能用一个学期或更长的时间正规地学习论辩学方面的课程,即关于推理和分析的课程,会有很多的收获。本节内容只是有关论辩学的基本原理以及部分专业术语的入门介绍。这些知识能指导我们对论据进行有效的分析。

1. **论证性话语**。论证的过程就是将原本不相关的事实和观点(证据)之间关联起来,然后基于二者之间建立的这种新的关系得出结论。每一个分论点都是论证过程的产物。当辩手提出自己的观点与支持它的证据,就生成了论辩话语或是论证性话语。

2. **一般性概括**。虽然辩手通常运用一个具体实例来进行论证,但是就论证过程而言,要么其结论是某条一般性原则,要么其起点是某条一般性原则。这些一般性原则就是一般性概括。一些常见的断言,诸如"如果是艾米烤的面包,那么面包一定好吃",蕴含着一般性概括,即"凡是艾米烤的面包都好吃"。这个概括也许合理也许不合理。当辩手对论证过程进行分析的时候,首先应该记住的指导原则是,论证要么从具体实例出发最终得到一般性结论,要么从一般性原则出发。归纳型论据就是观察真实的物理世界或人类经验,得出结论,然后得出关于它的一般性概括。例如,科学调查就是从对特殊现象(实例)的观察中得到一般原理的过程。与归纳型论据相反，演绎型论据从一般性结论出发，但是不一定对作为论据基础的一般性原则进行陈述。检验任何一条论据的指导原则就是，发现作为其论证基础的一般性概括，然后进行评价。

在政策类辩题的辩论中，关于政策目标的描述或关于当前政策体系如何运作或应该如何运作的结论，都是一般性概括。所有的辩论都围绕这个一般性概括展开。在价值类辩题的辩论中，辩手在陈述人们所持有的或应该持有的目标和价值原则时，这些陈述就是对具体论据的一般性概括。

3. 论据的形式。归纳型论据或演绎型论据可能以多种形式出现。然而，为了使辩案结构的条理尽量清晰，辩手一般会先陈述论点，然后提供证据。也就是说，辩手通常以演绎论证的方式提出论据。之前在介绍如何论证政策类辩题的必要性论题时，我们使用了三种不同形式的论据。第一个论据为"现行政策实际上就是在进行军备竞赛，过往的经验表明扩充军备会引发战争"。它属于归类型论据，因为它断言凡是属于某一类事物（扩充军备）的所有个体都会导致另一事物（战争）。归类型论据的基础就是一般性概括"所有军备竞赛都会导致战争"。如果这个一般性概括是可靠的，那么推理就是正确的。第二个论据"如果继续推行现有政策，全世界的人类都会有受到辐射的危险"，使用的是假想推理或条件式推理。不同于第一个论据，它是以一种试探性的方式提出观点，所使用的句式"如果……就……"说明这种推理是建立在某种条件成立的基础上的。如果前面的条件成立,那么后面的结论就能成立。这种条件式论据或假想推理型论据也可以这样表述:"如果现行政策继续推行,辐射危险就会发生。"

第三个论据被称为选言型论据。它断言要么某事 A 发生,要么另一事 B 发生。跳跃式推理的标志是在论点的陈述中使用"要么……要么……"。在上例中,"要么现在立即停止核试验和核能开发,要么大大增加国家面临的安全风险,而且将来很难对其加以控制",选言型论据可以这样表述:"要么停止测试并停止发展核设施,要么我们未来会面临更大的危险。"

上述三种类型的论据——归类型论据、假想推理型论据、选言型论据,是我们论证过程的基本构成单位。无论辩论的辩题是价值类还是政策类,你都必须运用论据的力量来打动听众。为了清楚地向听众展示你方论据的价值,你需要明白无误地说明你的论证是基于什么样的一般性原则或结论。论据的价值就取决于它所倚仗的一般性结论的质量。找准一般性结论就意味着你抓住了某一论据乃至所有论据的实质。辩手本就应当把更多的精力放在如何处理第二层论证(指论据本身)或论证的首要基础(即论据蕴含的一般性结论)上。但很多辩手往往爱在第三层的琐碎证据上斤斤计较。如果你能处理好一般性结论、论据和证据之间的关系,并能识别三者之间联系的强度,这就表明你有能力攻击对手的论证过程,也有能力攻击他们在推理中可能出现的失误。比起纠缠对手立论或者驳论资料的时效性和可信度,这样的论辩给人留下的印象更为深刻,更能影响裁判的评判。

上面所言并不是说证据对辩论质量而言无关紧要,而是为了强调推理在思考问题和交流观点过程中的重要性。一旦你能很好地控制过程,能识别论证中论据的强度或者一般性结论与证据之间联系的强弱,你就可以根据需要将支撑证据补充进来,进而完善整个论据链。

4. 证据与论据之间的关系。论据是建立在证据基础上的。无论是议会制辩论中辩手叙述的一般性知识,还是其他专业辩题的辩论中辩手的卡片记录、文档活页或者笔记本电脑上的文档,不管以何种形式出现,证据永远都是论据的基础。辩论中的推理,就是思考事实和观点的含义。归纳推理就来自对证据含义的思考,即思考如何运用"证明"的方法将分散的想法、事实和观点联系起来,并将它们转化为一系列连贯的合理结论。由证据得出不合理的推论,谬误或推理错误就产生了。由于论据关系到证据的意义,将事实材料联系起来推导出结论的不同方式就意味着不同类型的论据。下文所述的四种论据就说明了事实材料之间四种不同的关联方式。

(1) 指征型论据——运用指征论证的论据。该论证主张"事实

A存在"是"事实B也存在"的可靠的指示性征兆。事实A就像是事实B存在的线索。如"小乔的车停在她家外面"这一事实可能会被视为"小乔在家"的一个指征。指征论证基于这样一种概括，即所有A的情况都指示了B的存在。指征论证肯定了某一论断为真。辩手通常使用指征论据来证明某问题确实存在或某事存在价值。

（2）因果型论据——使用因果论证的论据。该论证主张如果事实A存在，那么它将导致事实B发生。事实"小乔的车汽油用光了"可能被视为"小乔的车熄火"的原因。因果论证是基于"A的所有情况会引发B"这样的归纳。如果你能在A和B之间建立联系，论证就会非常有说服力。宣称A、B之间存在因果关系是很容易的，但是证明它很困难。因为世界上各式各样的事实B，并非都是由事实A导致的，事实B通常有多种起因。

因果论证可以证明某论点为何为真。辩手可以用因果论证来证明某个问题为什么存在，提出的议案为什么会起作用，某种特定的价值体系为什么存在，以及拥有这种价值体系的意义是什么。

（3）类比型论据——使用类比论证的论据。如果涉及A的事实与涉及B的事实在某些已知方面是相似的，那么它们在其他方面也相似。你可能听过"国家之舟"的比喻，将我们的国家比作一艘大型的航船，总统是船长，我们大家都是船员，我们一起努力使得航船继续前行。这种论证的逻辑是，既然航船是以特定的方式运行的，那么我们的国家也是如此运行的，或者说应该如此运行。

类比型论据是基于这样的概括：如果对两个具体的事物进行类比，发现它们在一些重要和基本的性状或维度上存在相似性，那么它们在其他方面，特别是涉及正在讨论的话题维度上也具有相似性。类比型论据的问题在于所有的类比最终都存在谬误，因为没有任何两件事物、两种情景是完全相同的。如果它们完全一样，那么它们应该是同一事物。辩手必须强调"两者之间太像了，应当引起我们的注意"。例如，我们的国家不是像航船一样运行的，因为船长并不是船员投票选举产生的。一国的总统也不向人民、国会或联邦最高法院发号施令。事实上，在一个民主制国家里，恰恰是人民，也就是所谓的"船员"才是有权发号施令的一方！因为最终的论证存在谬误，所以我们只能用类比论证来阐释某一现象或者具体化、形象化地呈现某一现象，而不能用它证实某一论点。

（4）例证型论据——运用举例论证的论据。举例论证是基于归纳性的论证过程。从具体事例到一般性结论，这一归纳过程是演绎论证的前提。例如，你连续六个星期观察某一人，看到他在每周六早上都洗车。发现这一事实之后，你可以得出一般性结论：这个人总是在周六早上洗车。

举例论证能对一般概括性结论进行证明。辩手通常用它来辅助证明因果论证和指征论证得到的一般性结论。

表 4-1 对论据的分析

论据类型	解释	事例	检测
指征型论据	这类论据主张 A 的存在是 B 存在的指示性征兆。	朝鲜扩充兵力是朝鲜对韩国持有敌意的指征。	指征是否足以证明结论?或者是否还有其他征兆成为结论成立的必要条件?(增加可证明结论的征兆可以提高证明的成功率。) A 与 B 之间的指征关系是否因特殊事件而发生改变?(扩充兵力也许与朝鲜的内部局势有关,或者是因为韩国率先扩充了兵力。)
因果型论据	这类论据主张如果事实 A 存在,那么事实 A 将导致事实 B 的发生。或者有过往事实 B 紧随事实 A 发生,所以事实 A 是事实 B 的起因。	未来事实:入侵韩国将引发亚洲地区的全面战争。 过往事实:前三任共和党政府执政期间,均发生过战争,所以共和党执政会引发战争。	起因是否为结果的充分条件?是否有其他因素改变二者之间所谓的因果关系? 根据过往事实,原因与结果之间是否有直接的关联?或者,是否有其他原因引发此结果?

续表

论据类型	解释	事例	检测
类比型论据	这类论据主张如果涉及A的事实与涉及B的事实在一些基本方面很相似，那么它们至少在其他方面也会存在相似性。	在韩国的战争是局部战争，它具备特征A、B、C。因此，老挝的战争也会表现出特征A、B、C。	两个案例是否在这些基本方面真正相似？两个案例之间的比较是否足以提高结论成立的可能性？
例证型论据	举例论据是一种归纳性的论证形式，是从具体实例得出一般性结论的过程。是演绎型论据的基础。	越南、缅甸、朝鲜和老挝在过去扩充军力均引发了战争。所以，任何扩充军力的行为都会引发战争。	是否有足够的事例来证明一般性结论？这些事例是否与一般性结论直接相关？（列举的例子是否确实是一般性结论真实情形的例子？）

你会逐渐观察到，上述不同类型的论据经常会交叉使用。如何交叉使用，取决于论据本身的类型与可用的支持性证据。下面让我们简单了解一下证据。

证据（Evidence）

检验论据正确与否的一个方法是对其所依据的证据进行检验。

众所周知，证据包括事实和观点，是辩手证明某论点所依靠的原始材料。证据的作用就是证明辩手的主张。我们应该记住下面的指导原则：

1. 使用高质量的证据。这意味着证据应当是准确、鲜活、可靠、可用、可证、为观众普遍接受、无明显的偏向、直接适用于论点的证明。

2. 确保用以证明论点的证据数量充足。

3. 清楚表明证据与论点之间的关系，确保证据清晰可识。

4. 不要让你的证据存在疑点。理想的证据不辩自明。事实就应如你所言不差分毫，观点就应当来自专业权威。如果辩手必须就证据的可信度展开论辩，这场辩论毫无精彩可言。论辩的焦点应当是证据的含义、证据的相关性、证据的力度或者证据的意义，而不是证据的准确性。

在收集和使用证据的时候，请遵循上述指导原则。这将会为你的辩论打下坚实的基础。一定要用同样的标准检查对手所使用的证据。如果对手的证据有问题，你就可以大胆地质疑他们的结论。在学生辩论赛中，极少有辩手质疑对手证据的准确性，但这是一件非常严肃的事情。一旦辩手被发现使用伪造的证据，多数的比赛和协会将会取消他的辩手资格。

谨记，你要对自己说出的每一句话负责到底。如果不是你自己查找的第一手资料，一定要想办法确认它的可靠性，直到你自己满意。这是因为你是在用自己的声誉和辩论生涯做赌注。

关于证据意义的辩论则是另一码事。因为你质疑的是对方辩手对证据的分析，而不是对手的人格。对证据的攻击多是关于对方辩手对证据的阐释，而不是关于对方辩手是否诚实。请注意不要混淆二者。

现在你已经了解到了，好的证据是一场精彩辩论的基础。你的论证是否可靠，你如何证明论题和充实辩案，如何向对手展开驳论都取决于你的证据。高质量的辩案研究工作才会产生高质量的证据。因此，请一定遵循本章的指导原则。虽然这些原则初看起来似乎很耗时耗力，但等到你开始正式辩论的时候，你就会发现为此付出的努力绝对值得。

> 本章介绍了对辩论或其他课程任务进行研究的基础方法。关于如何进行研究、在哪儿查找资料以及为什么要进行研究，本章都给出一些重要的建议。此外，你也了解了如何评价证据的基本方法，知道了将证明材料和观点以论证的形式进行整合的一些方法。下一步，就是将你的分析和论证放到一个特殊的模板里，以便你用检索到的证据以及后续的研究来充实论证。这个模板被称为辩案。下一章将向你介绍正方和反方针对同一辩题如何组织各自的辩案。

第五章 / 辩案的准备

Constructing
Affirmative and Negative Cases

> 任何一个话题，都可能会引发立场相左的两种言论。
>
> ——普罗泰格拉（公元前490—公元前420）

在上一章，我们谈到研究辩题的重要性。高质量的研究能让辩手采集到优质信息，进而考虑正、反两方的立场来创建辩案。从现在开始，我们把注意力转移到辩案的创建上。请回忆一下：辩案是什么？它是为了支持或反对辩题的立场而组织起来的核心论题、分论点与证据的集合。从某种意义上讲，辩案的内容会不断更新。辩手接触到新信息或反复思考分析己方观点和立场之后会不断地修改辩案。我们先从创建正方辩案说起，因为正方辩案的内容更聚焦，也更容易把握。

正方辩案的准备

确定核心论题

辩手对辩题的相关知识背景有了一定的了解后，就可以开始将辩题研究的成果整合成辩案了。一般都是从准备正方辩案开始。我们须谨记核心论题是支持辩题的基本要素，辩手应该把证明核心论题作为自己的首要任务。完成这个任务的方法被称为"问卷回答"法。因为核心论题是辩题成立的基础，暗含核心论题的问题是我们分析辩题使用的常规问卷问题或标准问题。这类问题一般被称为辩题的"常规论题"。政策类和价值类辩题的常规论题略有差异，我们将分别加以讨论。但是这两类辩题的论题都必须满足一个要求：正方辩案必须切中辩题的主题。

切中主题

检验辩案质量的第一步就是考察辩案是否切中辩题主题。因此，我们最先讨论这部分内容。我们必须回答"正方所言是否为辩题的实质问题？"这一首要问题，因为辩论双方对辩题主题的理解出现分歧虽看似简单却可能耗掉大部分赛时。主题准确性涉及如何清晰、合理地定义辩题的某些术语，而且还涉及术语运用是否符合人类生活经验。为了确认对辩题主题的理解是否准确，我们虽不主张"上街调查普通大众的看法"，但"咨询从事话题相关领域工作且学识渊博、接受过专业训练的专业人士"却不失为良策。

对辩题主题的理解可以有多种角度，但如果你选择的解读视角超出了人们认知主题的"合理边界"，你就不得不反复为己方理解进行辩护，而不能用宝贵的时间探讨实质问题。因此，政策类辩题通常出自某专业领域的全国委员会。该机构对辩题边界的描述可以指导辩手和教练（以及辩论赛裁判）准确地理解辩题。价值类辩题的表述通常更为严谨，以确保辩题尽量清晰，能帮助辩手更好地理解辩题。不论辩题的主题是什么，辩案创建的总原则就是，辩手都需要对辩题的正方立场进行充分论证。

透过常规论题分析政策类辩题

辩手可以透过两个一般性问题来分析政策类辩题。第一，目前政策是否存在问题？第二，是否有解决方案？虽然上述问题对具体分析显得过于宽泛，但它们能够帮助辩手在使用"问卷回答"法做细致分析前对辩题背景有所了解。我们通常借助五个常规论题来分析政策类辩题，其中第一个论题针对"是否存在问题"，其余四项用于分析问题的解决方法。

这五个常规论题分别是：

论题1：是否有必要进行变革？

① 当前是否存在相当严峻的问题令变革势在必行？

② 当前问题是否为现有政策所固有？

论题2：正方提议是否提供了问题的解决方法（方案能否解决问题）？

论题3：该提议是否具有可行性与可操作性？

论题4：该提议是不是最佳方案？

论题5：通过该提议会有什么影响？

① 该提议本身是否存在缺陷，而且会产生比现状更为严重的问题或弊端？

② 该提议能带来什么好处或优势？

简而言之，辩手使用常规论题对辩题进行分析，就是通过这些一般性的问题发现辩题的关键论题或关键论点。辩手对论题背景了然于胸以后，仔细思考常规论题分析辩题时就很容易找到分论点。

接下来我们将用解释性材料具体分析一下常规论题与辩题实质之间的关系。

解释必要性论题或问题论题

第一个常规论题是"当前的问题是否严重到非变革不行？"我们可以用两个辅助性问题来分析这个论题：

其一，问题的严重性和紧迫性是否使得变革势在必行？人们通常认为，除非有人能证明当前问题很严重，否则现行政策不能变。所以，这类辩题本来就存在这样的前设：必要性论据要足够充分、令人信服，证明变革势在必行。这部分必要性论点通常以问题形式出现：现存问题是否足以成为变革的理由？

其二，为什么问题会存在？是源于现行政策的内在缺陷吗？一涉及必要性论题，很多辩手就容易犯一个错误——不能跳出对问题的单纯描述。他们总是这样论证：因为问题确实存在，所以应当采纳解决方案，变革现行政策。但是如果只停留在这一层面，论证只能浮于必要性论题的表面，无法深入到更具说服力的论据——问题的成因。

"为什么问题会存在?"这一简单问题,能够引导辩手抓住必要性论题的实质。当辩手开始考虑问题的成因时,就会将问题本身视为结果,将现有政策的固有缺陷视为导致这一结果的原因。在这种分析状态下,辩手就能沿着"当前现状源于现有政策的固有缺陷"这个思路展开,提出改变现状的必要性,让人信服。

示例:必要性论题的论证

根据刚才的讨论,我们用一个具体的辩题案例来分析论题。这个辩题我们之前也使用过。分析的结果如下所示。

"辩题(正方立场):联邦政府应采用一项新计划来开发全国的高速公路。"

核心论题:目前各州及联邦的高速公路的开发体系很不完善。因为:

分论点1:美国全国的高速公路不能满足当前需求,因为:

证据:① 相关证据

② (这里的相关证据将包括对问题的描述、专家意见、权威资料)

分论点2:对原有体系进行扩展不能满足未来的需求。因为:

证据:① 公共需求

② 个人需求

③ 国防需求

分论点 3：显而易见，高速公路需要进行开发。即便如此，联邦政府必须出面制定统一的高速公路开发计划才是解决问题的关键。正方的主要论点是，当前的问题可以归结为缺乏联邦政府统筹，或者简而言之，归因于现状中固有的问题。这些问题是：

证据：① 州与州之间的竞争关系

② 各州财力不均

③ 大多数州内高速公路的建设只是为了满足短期的政治目标，而不能满足各州长期的发展需求。

应当注意，上例中的分论点 1 和分论点 2 在本质上是说明性的，它们描述了当前的问题。分论点 3 是分析性的，目的在于确定问题的成因。在对必要性论题的这两个方面进行论证之后，下面就该考虑解决方案了。现在我们就来关注与解决方案相关的论题。

解释与正方提案相关的论题

1. 正方的提案是否提供了该问题的解决方法？学生辩论赛的辩题本身或多或少地陈述了正方主张的解决方案。辩手必须决定应在多大程度上扩展解决方案，使其成为一项明确的实施方案。辩手通常会问的一个实际问题是:"实施方案的细节到底有多重要?"这个问题的答案要视情况而定。

从根本上看,方案细节的详细程度取决于问题的性质。以下两个辩题"死刑应当废止"和"美国应恢复与古巴的外交关系"就没有必要详细阐述实施方案。这些辩题的"实施方案"只是程序性事务,其实施细节是否具体与提议能否被采纳关系不大。这类辩题的关键在于论证政策改变的必要性以及改变将会带来的影响。

但是有的辩题则需要具体、明确的实施方案。例如,在"核试验应被废止"这一辩题中,重要的一点是要证明方案本身切实可行,废除核试验的建议能够付诸实行。

很多辩题呼吁设立一个新的机构或制度,如一个联邦制的世界政府、劳工管理常务机构或全民健康保险制度。每一个辩题都要求正方辩手非常具体地阐明自己的主张切实可行。如果没有具体的解决方案,没有一项清晰的实施方案,辩手将无法具体地证明可行性论题。然而,辩手不需要对实施方案的每一个细节进行说明。辩手发言时长也暗示了这一点。

这里的指导原则是,正方必须向听众证明由于现存问题相当严重,现行政策不得不改,并且其提议可以作为解决方案。正方是否能证明其他论题,很大程度上取决于已提出的解决方案是否清楚明确。人们常常会忘记，证明一项提议最简单的方法，就是直接解决问题。如果能证明该提议是解决该问题（必要）适用的方案（计划），这个证明本身就是该提案最有说服力的论据。此论题解决后，辩手就能考虑余下的论题了。

2. 该提案是否具有可行性与可操作性？正方辩案中的这一要素通常被称为"实施能力论题"，往往是辩论中的关键问题。根据辩题的性质，辩论中的交锋通常集中于必要性论题或实施能力论题，或者二者皆有。尽管很多正方辩手希望自己能省掉对其提议的可行性、可操作性等实施能力的解释，但是倡导变革的一方是有责任证明提案的可行性的。这也是事实。如果正方不能证明辩题中所涉及提议的可行性，听众会对正方的整个辩案存疑。

倡导变革一方的首要责任是提供具有实际可行性的解决方案。这就意味着这项方案不仅是理想化的，而且也可以诉诸一般人类经验。方案的可行性非常重要。一项建议即便满足其他必要性，如果没有现实可行性也很容易被否决。例如，一项需要巨额资金的方案操作性很强，而且施行后的预期收益也很好。但是这项方案在资金方面的可行性很低，其操作性更无从谈起，会进一步造成方案的实际可行性大打折扣。一项方案其可行性的判断原则，是看它是否符合人类经验。

可操作性的含义是，正方辩手必须证明其提议的"解决方案"

是真正的解决方法。在辩论中，解决问题的提议恰恰是必要性论题的基础。如果正方没有提出解决方案，对手就会指责其回避问题实质或滥用循环论证法。很多辩手都会犯这类错误，因此我们在此强调这条原则：不能说"因为需要解决办法，所以我们提出某一提议"，而应当说"因为证明了提议能够满足当前的必要，所以我们提出这项提议"，证明的方法就是将提议的方案用于需解决的问题。

3. 该提议是不是最佳方案？尽管这一问题通常不是辩论的核心论题，但它在辩案分析过程中非常关键。它不仅直接涉及正方方案，而且直接关系到反方是否会提出相抗方案。

这个问题与正方解决方案的关系可以理解为：在辩题设定的范围内，正方辩手面临着如何平衡方案的可取性与其可行性、可操作性的问题。简而言之，"最佳方案"可能不是优势最多的方案，而是优势和劣势较为均衡的方案。

关于这个问题我们要注意的第二点是，除了辩题指定的解决方案，还存在能解决正方必要性论题的其他可用方案。即反方在辩论中可能会提出替补方案来对抗正方的提议。虽然反方提出竞争性方案的做法有些不寻常，但有可能发生，所以正方应当有所预期并做好应对准备。在辩论准备阶段，至少要安排一次组会，专门讨论如何应对反方可能抛出的替补方案。如果要概括应对的总原则，那就是：有备无患，以免措手不及。

4. 通过该提案会带来什么影响？ 这个问题也直接关系到正方提议的两个方面：可能存在的缺点和正方所宣扬的好处。上述两方面都很重要。这也提示我们，正方辩手应当考虑该提议可能带来的所有后果。这样做的目的有两个：一是为应对反方在辩论中可能提出的反对意见做准备；二是需要强化采纳正方提案的意义。

正方辩案的缺陷问题通常被称为"两害相权"论题。因为即使一种方案被承认是可行的，但如果它造成的问题比解决的问题更多，那么它可能会被合理地拒绝。这时，这种方案可能会成为辩论的一个重要方面。因此，正方应当预见到提案的不利因素并准备证明它不会发生，或者不利因素与将要获得的收益相比不值一提。

当然，能解决必要性论题所列举的问题本身就是提案的一个好处。如果正方辩手能顺利地论证提案中的方案确实能用于解决当前的问题，列举这些好处将不仅仅是基于循环论证假设而进行的劝告，还具有相当强大的说服力。因为列举的好处实际上就是解决问题的具体成果。此外，该提案还可能会带来与必要性论题并不直接相关的另一个好处。这类好处可以被称为"额外收益"，正方辩手也应当考虑到。事实上，如果提案没有重大缺陷，额外收益本身就可以成为改变现行政策的动力。很多辩手往往忽略了阐述合理利益时固有的说服力。但是，应该提醒大家的是，合理利益来自于对前面已提及的核心论题的论证。虽然势弱一方列举提案的各种益处，作用不会很明显，但是已占优势的一方如果使用这一招，提案的说服力将会大大增强。

辩手甚至可以根据辩案可能带来的令人信服的好处建构一个特殊的辩案。这种建构辩案的方法被称为优势比较法。使用这种方法，辩手不用关注解决方案存在必要性或问题，而是聚焦于一个新的解决方案以及方案会带来的益处。运用相对优势法时，依然要保证方案所带来的益处要有充分的说服力，这样才能证明现行政策的改变势在必行。无论你决定使用优势比较法，还是仅仅将"额外收益"扩展为一个标准的"必要性解决方案"辩案，要遵循的总原则都是相同的。那就是：应该考虑到通过该提案的所有影响。

对政策类辩题常规论题的总结

表 5-1 是正方常规论题在政策类辩题中的功能一览表。将这些常规论题熟记于心，你就可以在己方辩案的每一个关键点上提出质疑，推敲论据。当你明白如何分析自己的辩案后，你就可以更好地质疑对手的辩案。

表 5-1　正方辩案的结构分析总结

常规论题	解释	在分析和反驳该论题时可以提出的问题
1.是否有必要改变现行政策？	由于任何政策或机构几乎都存在一些问题，因此这个论题一般最容易论证。如果允许正方将这个论题的论证建立在现存问题的基础之上，那么这个论题就很难受到攻击。问题产生的原因是正方辩案的实质。 论题的重要性往往是一个质或量的问题。无论是问题的严重程度还是影响范围，是否足以证明有必要改变现状？	正方在证明问题存在时，是否提供了充足的证据？ 正方是否根据所有现有证据对现状进行了公正分析？ 正方是否将问题与现状本身的缺陷联系在一起？ 所列举的问题是否构成改变现状的充足理由？ 正方提出的问题能否在不改变现状的条件下得以解决？
2.正方的提案是否提供了问题的解决方法？	论证行动具体方案的必要性取决于问题的性质。正方的解决方案需要非常细致，以利于证明正方方案的可行性。	所提出的计划是否与辩题提出需要保持一致？是否限制了正方的责任？ 所提出的解决方案是否前后一致？ 解决方案提供的行动计划是清晰的还是含混不清的？

续表

常规论题	解释	在分析和反驳该论题时可以提出的问题
3. 正方提议的解决方案是否具有可行性与可操作性?	具有可操作性的解决方法是一种符合人类经验的解决办法。 可行性的证明在于将正方的建议应用于解决必要性论题所提及的问题。 这个论题往往是一个质的问题：即正方在多大程度上证明了自己提议的解决方案是具有可行性的?	正方必要性论题中提及的每一个问题是否都能通过正方的方案得以解决? 关于方案可行性的证明是假设的，还是用证据和推理来论证的? 解决方案是否符合实际?
4. 正方的提议是不是最佳解决方案?	正方的难题在于平衡解决方案的可取性与可行性、可操作性之间的关系。 反方提出辩题以外具有正当理由的解决方案，这个方案被称为反提议。	辩题是否允许辩论双方提出一个更好的解决方案? 在辩题的提议之外，是否存在更佳的解决方案?
5. 采用正方的提议会有什么影响?	正方必须考虑到采用提议所关涉的所有后果，确保在解决问题的同时不会引发新的或更严重的问题。 如果正方已经证明其辩案，采用正方提案的好处会自然出现。正方也应当考虑这个提案除了解决已提及的问题外，还会带来哪些新的收益。	采纳正方的提案带来的影响有哪些? 提案是否会产生新的问题? 正方所宣称的好处是正方提议被采纳的结果，还是预测的或臆想的? 抑或是只能解决必要性论题中所提及的问题? 是否必须采用正方的提议，才能获得所提及的好处?

接下来我们分析一个价值类辩题的正方辩案以及常规论题。

通过常规论题分析价值类辩题

在过去的五十年里,校园里关于价值观的辩论为我们带来了很多新的辩论策略。下面的"常规论题"法能为我们进行价值类辩题的准备提供一些参考。虽然大家对这种方法的描述会有差异,但在下面列出的话题领域,大家的结论较为一致,这些话题我们称之为常规论题。

1. 认同价值。在开始准备正方辩案之前,正方辩手必须确定自己将接纳或捍卫何种价值系统。通常辩题的陈述已经设定了正方的基本立场,例如,"美国宪法第一修正案规定的权利比宪法规定的其他权利都重要"。显然,正方辩手必须维护言论自由、宗教自由和新闻自由,而且还需要解释这些价值如何重要、为何重要。为此,他们通常会将这些自由与其他价值观,如尊重人权或珍视生命等关联起来。

2. 明确定义。正方应当根据社会认可的价值观或权威的论述来定义辩题中的术语。这样正方对辩题的理解就与某已知的价值体系产生了关联。如果辩题所涉及的话题已经有过充分的讨论,而正方的定义与社会共识的价值观一致,正方辩案立场的合理性也就确定下来了。

3. 确定辩赛胜负的评判标准。在辩论之初,正方会在陈词中对辩赛胜负的评判标准进行明确的表述,这样评判规则一开始就能被确定下来。比如，正方可以这样建议，哪一方能更好地维护个人的尊严，或者更好地维护国家安全，或者其他社会公认的价值观，哪一方就是胜方。倘若正方没有明确表达，反方可以提出自己的标准。

4. 确定社会价值的等级结构。价值观，和政策一样，不是存在于真空中，而是存在于一种关系中。我们会为某些价值设定例外的情境，或者描述在哪些具体情境中这些价值并不适用。有些价值实际上是相互冲突的，我们必须为它们安排一个优先顺序。这种优先顺序被称为等级结构。例如，帮助友人被视为一种崇高的价值。但我们不会协助朋友在考试中作弊，因为人们把诚实看得比帮朋友更重要。看似正确甚至极具吸引力的价值观往往相互冲突。一些价值类辩题的辩论通过某些主题来检验辩论双方如何处理这种冲突，如"保护环境比能源独立更重要"。显然，如果不强迫人们二选一，那么这两种立场中的任意一种都可能得到绝大多数人的支持。必须二者择其一就出现关于价值等级关系的辩论。正方必须将己方辩案放在一个价值等级结构中，并将正方坚持的价值观与对其构成竞争关系的价值观进行比较，或者将其与反方所持价值观进行比较。

价值的应用

1. 将它与现状相联系。正方需要自问："我们所坚持的价值观是当前社会的主流价值观？还是应该成为一种主流价值观？"二者之间的差异将有助于正方提出假定论题。如果正方辩手能够证明他们的价值观及其在社会等级制度上所处的位置与现行的价值系统一致，那么他们可以坚持这一假定观点。另一方面，如果不容易证明这种结论或不容易看出来，那么正方就需要证明社会应该采纳他们的观点，或者证明在社会价值的等级结构中需要优先考虑他们所支持的价值观。

2. **将它与正方辩案相联系**。一旦决定了假定核心论题，正方辩手就需要把价值与自己的辩案联系起来。提出论点，进行论证，说明价值在具体情况下如何应用或者应该如何应用。在这一阶段，正方的大部分时间会花在一辩的立论陈词上。正方辩手需要呈现几个值得关注的领域以证明其价值值得捍卫，证明维护这些价值符合正方在辩论初期提出的辩论赛评判标准。

3. **论证价值效益**。应用价值的第三个方面，是预测已方的价值观被采纳后会产生的所有积极成果。例如，如果可以证明你的价值结构会在评估现有体系方面带来新方法，甚至带来新的有益政策或方案，你可直接宣布：我方价值立场可以带来价值效益。这些价值效益本身就可以成为听众接受正方辩案的理由，当然会给正方的辩论加分。

反方辩案的影响

常规论题的分析，要求正方团队关注反方反对意见的影响，并且在辩案中准备相关的论证。我们将在本章关于反方辩案的部分进一步探讨这些内容,但是明智的正方辩手在准备己方的辩案时就会时刻提醒反方可能提出的论题。这里需要考虑两个方面。

1. 反驳的责任。在辩论的最初阶段,反方担负反驳责任——对对方的言论做出回应的责任。在概述自己的论点时,正方队员不妨扮演可能出现的反方队员角色,以发现反方会立即做出的回应。据此,正方辩手可创建辩案,以便压制反方回应,或者考虑己方的应对之策。在准备团队比赛时,正方可以将提前考虑的应对策略整理成驳论材料。就目前而言,正方需要考虑:"这些观点是否很容易遭到反方的攻击?"如果答案为是,则进一步思考,"能否通过改写辩案来阻止这些明显的攻击?"如果答案为是,就应该重写辩案;答案为否,则需考虑在驳论陈词中如何对这些攻击予以回应。如果正方没有很好的防守策略来抵御攻击,那么他们需要考虑重建整个辩案。有些正方团队不愿承认他们的辩案有易受攻击的软肋,或者他们希望对手不会发现这个软肋。但是,优秀的正方辩手会训练自己在辩案准备中超越"小我参与"的能力,客观地看待辩案。因为他们已经意识到,依赖对手的无能或无知是一种愚蠢而致命的愿望。这就像你无意中发现了一个破坏性证据,但不希望它被别人发现一样。最终,还是充分的辩案研究和辩案准备会比许愿更有用。

2. 价值异议的意义。价值异议在概念上类似于那些针对政策类主张提出的缺陷。"采取正方的立场会带来哪些新的问题或困难?"

这是每个正方辩论队此时必须提出的问题。正方所倡导的价值是否会导致严重的后果，弊端是否明显超过可能带来的好处？如果是这样的话，那么正方要么重写辩案，要么提前考虑在驳论陈词中如何针对这些攻击予以反驳，再或者，彻底转换思路来应对反方可能发出的这些挑战。关于价值异议的问题，将在关于反方辩案的一节中做更多论述，但关于价值异议的一些重要问题必须由正方辩手在准备己方辩案的时候就加以考虑，以避免以后出现重大问题。

交流的责任

在价值类辩题的辩论赛中，辩论选票上特别将辩手表达自己观点的能力列为投票的一项内容。交互质询辩论协会（CEDA）以及国际辩论协会成立的部分原因是希望让普通观众也能参与到学生辩论中来。在公共论坛上，辩手应以普通听众能听懂和回应的语气和速度来传达他们的观点和论点。辩手在辩论中表述太多的观点、分论点与证据就有可能失去普通听众。在这种情况下，正方辩手需要编辑辩案中的材料。当一个证据足以证明论点时，他们可以删除其他的证据。他们也可以将论证的重点放在少数几个论点和论题上，以便根据需要对每一个论点进行充分的论证。辩论要求辩手清楚说明引用论据的资料来源，这一要求必须纳入辩论用时和辩案呈现因素中。

到此为止，你已经了解了，无论是政策类还是价值类辩题，通过回答几个标准的问题,你就可以建构一个辩案。这两类辩题的辩案,你都可以按照一个总的结构大纲来编写。

正方辩案的结构

将正方的核心论题、分论点和证据结合在一起,使之成为有说服力的辩论演说。这一过程将在第六章中详细讨论。在目前的准备阶段,辩手应该将自己的辩案概括为三大部分:导言、主体和结论。

1. **导言**。导言的目的是明确命题,为立论作铺垫。一个有效的导语包括三个部分。

(1)适当问候、陈述辩题和定义术语。

(2)陈述正方关于该问题的理念或一般观点。如果辩论的是一个价值类辩题,你还应该提出己方的辩论赛评判标准。这一陈述旨在确定辩论的视角,它将该辩题与国家或国际关注的领域或价值联系起来,虽然这只是其中的一个次要部分。正方有效地陈述其理念,是建立在分析的基础上的。分析将正方的立场与现状联系起来,并为正方辩手进行说服论证,搭建了尽可能广泛的基础。

(3)初步列出提纲或预告,对正方的主要论点进行了初步和简略的概括,并为正方下一步过渡到具体的论证做有效的铺垫。

2. **主体**。这是正方对论点进行论证并展开论据的主体部分。需要准备的时间会最长。这部分的编号、顺序和用词应与导言保持一致。

3. 结论。在结论部分，正方应概括正方辩案的主要论点，并将其与辩题和正方的理念联系起来。当辩手用有效的语言将已经充分论证过的论点简要概括出来，结论本身就具有说服力了。

现在，你已经可以开始编写正方辩案了。下面我们来简单研究一下反方的辩案。

反方辩案的准备

由于对正方辩案的分析以及选取证据材料的方法也适用于反方辩案，这里不再赘述常规论题、分论点和证据。但是，有一点需要明确，反对改变现行政策、反对辩题中价值观的一方，在核心论题、分论点和证据这三方面有各自明确的责任。

简而言之，反方目标是对正方立场实施攻辩。攻辩策略可以是直接反驳正方的辩案，也可以为维护现状进行辩护，或者提出优于正方的提案。

直接攻辩

直接攻辩即直接攻击正方论点。根据辩题措辞和正方对核心论题的处理，反方将决定是否将其攻辩建立在对现状的维护上。例如，一个价值类辩题的提议支持一种新的或现有的次要价值，而不是当前的主流价值观,反方就要对当前的主流价值观进行辩护,这种辩护构成反方直接攻辩的核心内容。处理政策类辩题时,反方辩手会分析正方必要性论题的论证,并确定是否为与必要性论题有关的现状进行辩护,这成为反方攻辩的重点。

虽然从技术上讲,反方没有义务对现状进行正面辩护,但将直接攻辩视为一种不同于反方辩案建构的策略有一定的误导性。二者真正的差别其实是反方论证的呈现方式。直接攻辩既可以针对正方的论证(遵循正方的论证结构),也可以基于反方自己在辩题上的立场。

正方如果不能成功地证明己方所有的核心论点,将无法赢得比赛。所以直接攻辩的策略有时需要反方将全部或大部分时间用来反驳正方的一个核心论点。这种策略或许会有效,但它的缺点是限制了反方的攻击。

通常直接攻辩是对正方整个辩案进行点对点的攻击。这种方法的优点在于,它允许反方辩手针对正方辩案提出大量的反对意见,可能在辩论之初反方会占有正方无法战胜的天然优势。

作为一种程序方法,直接攻辩法至少存在三个缺陷:

1. 直接攻辩将注意力集中在正方已经呈现的辩案上。然而,这种方法仅仅利用反方分论点来反驳正方辩案,不能迫使正方承担起所有的举证责任。同时反方可能不去考虑基本的一般性概括,而基本的一般性概括对于全面分析正方辩案而言是非常重要的。正如上一章中的论述，辩论队如果忽视了隐含在每个论据后面的基本结论，不针对这些基本结论进行辩论，就不能领会一场高质量、富有洞察力的辩论的实质。

2. 如果正方辩案条理不清，反方直接对它发动攻辩，也会让自己步法紊乱，创建出同样糟糕的反方辩案。盲目参考正方的结构，反方的论证也会产生同样的缺陷。

3. 直接攻辩往往使反方在心理上处于劣势，因为人们通常希望辩手提出自己的一些主张。

如果你想使用直接攻辩，你需要同时掌握两种能力：一是分析概括隐含结论的能力，二是规划攻辩时间的能力。你最好将反驳正方论点所需的时间与呈现己方辩案、提出反方论点的时间进行合理分配。

对维持现状的立场进行辩护

我们对辩题进行全面的分析后，发现部分论题会让人产生强烈的否定态度。这些否定的立场和态度可以引入辩论，成为反方的论据。对现状进行辩护的辩论策略正是基于以上这种想法。这种对正方进行反驳的方法有助于反方明确立场，还会对正方造成压力，逼迫正方对反方的观点进行反驳。该方法是建立在反方对现行制度（政策或价值观）进行全面分析的基础上的。其结果是反方的反驳策略带有分析性，论证的重心完全集中在现状的有利方面，并将全部的举证责任推到主张变革的一方身上。为了维护现状，反方可能会承认缺陷确实存在，但仍然坚持这样的立场，即：这些缺陷最好通过小的修正（政策）来解决，或者这些缺陷与现行政策（价值）的优势相比不足为道，所以不应采用正方的建议完全变革。

反方对现状进行建设性的辩护并不是无视正方的立场。相反，对现状的辩护激发了正方的反驳，让反方有机会用自己充分论证的论点来反驳正方的立场。其结果便是引发正方与反方对论题分析的直接交锋。这种交锋正是反方进行建设性辩护的目的。这一目的哪怕只是部分实现，结果也显然比反方直接罗列互不相关的各种反对意见要好得多。使用这一反驳策略，反方就可以在辩论过程中展现自己一贯的理念，可以呈现反方预先设计好的由核心论题、分论点和证据构成的连贯的论证结构，可以让反方全程的辩论都有理有据。

反提议和反向论证

反方可以反驳正方的政策立场，承认变革现状的必要性，并提出正方根据辩题不可能提出的解决方案。反方的这种策略称为相抗方案策略，包括对正方方案的攻击。它要求反方接受同等的举证责任，以证明自己的计划是切实可行的，比正方的提案更可取。

在价值类辩题的辩论中，有一些价值观不仅在辩题中未被提及，而且与辩题倡导的价值观互为竞争关系。反方辩手可以对这些价值观加以论证，并试图证明这一新的价值观应该取代正方主张的价值观。例如，如果辩题是"言论自由是宪法中最重要的权利"，你可能会辩称"集会自由才是宪法中最重要的权利"。在这两种情况下，由于反方要承担举证责任，加之某些裁判会对这种攻辩方法的合法性提出质疑，对辩手尤其是经验不足的新手来说，使用此类策略风险很大。因此，反方辩手很少使用这一攻辩策略。

反方辩案的结构

和正方的辩案一样，反方辩案也采用三段式结构。这一结构可以帮助你记住辩案的具体步骤。

1. 导言。反方辩手的导言，目的是表明自己的初始立场，并介绍团队将提供的分论点。导言很可能包括三个主要方面。

（1）适当问候，重申辩题，回应术语定义。

（2）陈述反方理念，或陈述对辩题的总体态度。在价值类辩题中，如果正方提出了评判辩论赛的标准，反方也应及时做出回应，表明己方关于评判标准的立场。与正方一样，这一陈述应将反方的立场与当前的价值观、态度或现行政策联系起来，并为己方说服听众夯实基础。

（3）介绍己方辩手分工和初步提纲——哪位辩手重点辩论哪些

核心论题，然后对己方的主要论点做简要的概括。

2. **主体**。这一部分是反方对己方核心论题的论证。可被分为两个部分：第一部分主要是由反方陈述核心论点，论证为什么要维持现状；第二部分反方有选择地对正方辩案进行直接反驳。

3. **结论**。在结论部分，反方总结己方对术语定义（如果是在价值类辩题的辩论中，则应是评判标准）的立场、反方的理念、反方的论点（如果已在辩论中明确提出）以及对正方论点或核心论题的否定立场。如果反方陈述简明扼要、条理清晰，其辩案会促使听众认为正方要证明论点需要克服巨大障碍。

经典辩案范例

有几类辩案容易准备也容易辩护，因为它们都遵循对问题分析的自然逻辑。辩手应当熟悉这些经典辩案，是因为：(1) 它们将来可能会成为你论据的主干结构；(2) 当对手与你使用相同的论证思路时，你必须准备好反驳对手的分论点。与政策类辩题相关的经典辩案是基于下面一个或多个分论点建构起来的。

政策类辩题的正方辩案

1. 现状需要改变，因为存在某些必须消除的弊端。

2. 正方的提议就是做出改变，因为改变将会消除这些弊端。

3. 除了消除上述的弊端，正方的提议还会带来某些益处或优势。

4. 提议的解决方案没有实质性缺陷。

5. 用这个方案解决所提及的问题，具有可行性与可操作性。

6. 其他方案或对现行政策的修修补补不仅不能解决问题，还会产生新的问题。由于这一论点的论证可能涉及一个漫长的过程，所以正方对这一论点的使用一般都有所保留，以防反方提出相抗方案或建议对现状进行一系列小修小补。

标准的正方辩案经常包含最前面的三步：说明必要性、提出解决的方案以及说明该方案将带来的一些好处。其实仅有必要性和方案也足够了。另外一种选择就是优势比较法辩案。这种类型的正方辩案通常将第二步和第三步作为核心，然后添加上后面几步的内容。我们建议辩手根据自己辩案研究的情况、准备时间以及自己的沟通技巧尽量让自己的辩案毫无破绽。毫无疑问，做好充分准备的正方辩论队，一定会对上面的六项内容都进行考虑。

政策类辩题的反方辩案

在反驳正方之前，反方需要解决一个特别的问题，即反方必须从下面的策略中选择一项来反驳正方的辩题立场，并在辩论过程中始终采用这一策略，才不至于让听众糊涂。

1. 反方证明现状很令人满意。这一策略要求反方对当前的秩序或事物结构进行辩护，反方需要证明现状是让人满意的。

2. 反方建议对现行政策做一些小的改良，从而消除问题。这一策略承认问题的存在，但认为小的调整就足以解决问题，不需要对现行体制进行大刀阔斧的变革。

3. 反方提议（除正方提议以外）的其他计划也可以解决目前的问题。这项计划优于正方计划。这个策略就是相抗方案策略。反方会同意正方在"有必要进行改变"以及"解决必要性问题需要大刀阔斧的改革"这两个问题上的意见。

4. 反方指出正方的提案本身就存在缺陷。这项策略很容易与其他三项策略组合，因为它是纯粹的攻辩。反方将花费所有的时间来反驳正方辩案。因此，在整个辩论中，举证的责任落在了正方身上。实施其他策略特别是第三项策略时，举证的责任有时也会落在反方身上。

一些反方辩论队试图用以上四项策略来进行辩论，并在两种策略之间用"即便如此"的句子来衔接。例如，反方也许一开始会说现状很令人满意，然后又说"即便如此，也许你会认为还是存在一些问题，我们建议做一些小修小补"。之后，他们说"即便你并不认为这些修补会解决那些所谓的问题，我们可以通过一项方案来解决，这个解决方案优于正方提议的方案"。一些辩论队尝试使用有条件的相抗方案来进行论证，但是很多裁判不赞成这种混合的方法，因为反方很难在这个过程中保持前后一致的立场。尝试使用这种混合方法的反方辩论队，很难向观众清晰传达，他们将面临巨大的压力。我们的建议是将上述第 4 条策略作为主要的论证策略，然后将其与第 1 条和第 2 条策略相结合。

价值类辩题的正方辩案

1. **价值认同**。价值认同是通过定义关键术语、设定价值和辩论胜负的评判标准、确定价值之间的等级关系来完成的。

2. **价值应用**。正方应该把价值与当前现状的情境联系起来，以确定一个假定的论题，然后正方的辩案将把价值与辩案倡导的主张联系起来，最后论证采用该主张在逻辑上会产生什么有益的结果。

价值类辩题的反方辩案

1. **替代性价值**。反方辩手可能认同另一种价值观，这种价值观与正方倡导的价值观互为竞争关系，而且与后者相比更具优势。辩题的陈述已经清楚地指出了替代性价值。如"能源生产比环境保护更重要"就清楚地指示出正方辩手支持能源发展，而反方则支持环境保护。

2. **替代性标准**。反方可能希望提供与正方不同的评判标准与评判规则，来确定不同价值间的等级关系（请参考本章"通过常规论题分析价值类辩题"标题下的部分内容，见第 88 页）。

3. **对正方价值观的反对意见。** 反方可以分析接受辩题的主张会产生的逻辑影响，并提出反对意见。因为有这些反对意见，所以反方拒绝接受该辩题及其所支持的价值观。但是这些反对意见与直接反驳正方辩案具体内容不同，它源自辩案本身。许多反方团队在辩论前就根据他们对辩题所表达价值的内在问题的独立分析，准备好了对正方价值观的反对意见。

4. **直接攻辩。** 正如在政策类辩题的辩论中那样，反方总是采用点对点的攻击方式。

以上每一种策略或多或少都可以和其他策略混合使用。我们的建议与政策类辩题的内容类似，第 4 条策略总是适用的，它也容易和其他 3 条策略的任意一种或多种混合使用。随着辩论经验的增加，信心的增强，你还可以尝试其他混合方法，选择与你自己的水平相适应的辩论策略，选择与辩论主题或正方辩案相适应的辩论策略。

上文介绍了几种入门级的标准辩案或经典辩案。这些辩案的模式可以用于多种辩论场合，已经相当成熟了。但是辩案的模式远不止这几种。我们建议大家在尝试更复杂的模式之前先将这些辩案模式吃透。辩论新手须谨记，不要尝试使用不常见的辩案来应对同样也是新手的对方辩手，这样的策略对你并没有好处。使用不常见的辩案模式需要高超的技巧。如果正方辩案呈现不够准确、清晰，正方更可能会输掉比赛，而非反方。你可以请指导老师推荐高阶论辩的相关读物。

> 本章探讨了准备正方和反方辩案的方法，介绍了计划攻辩与守辩的相关概念。一旦大家开始拟定辩论提纲，就需要经常复习这一章里讨论的所有问题，并用来检验己方的辩案。接下来的工作就是如何把你优秀的辩案展示给听众了。各位辩手在辩论过程中各司何职及何时履责，将在下一章介绍。

第六章 / 辩手的职责

Speakers' Responsibilities in Presenting the Debate

> 三思而后语!
> ——米格尔·塞万提斯,《堂吉诃德》(1605)

前几章已经提到，明智的辩手会事先精心计算好自己的发言时间。这是因为在短时间内要做很多事情，所以有必要谨慎一些。当辩手站在辩论席上面对听众演讲时，必须意识到：一场典型的辩论是由八次陈词和四轮交互质询构成的，当中每个环节面临的情境各不相同。显而易见的是，当第一位辩手做立论陈词时，听众全神贯注，而最后一位辩手做驳论陈词时，可能听众已经相当疲倦。因为此时听众可能已经被此前辩论双方的十一次发言或质询弄晕了。因此，为了说服听众，每位辩手要各司其职。辩论赛场上情况瞬息即变，而辩手一定要随机应变。

由于辩论赛场上的情况多变，现在将介绍每位辩手都应该了解的一些知识。辩论应被视为一系列相反观点的来回交锋，比如反方一辩的发言可能会逼迫正方二辩修改先前已备好的发言稿，以回击对方的进攻。因此，任何一方辩论队的成员在正方一辩发言之后仍然机械地按照赛前规划的时间来发言，是很不明智的。故意忽略对手已经陈述的内容，假装忘记听众已经听到己方和对方辩手的发言，更不明智。所以，如果正方二辩发言时表现得好像反方一辩什么都没说一样，这可能表明正方团队的辩论水平欠佳。

鉴于前面提到的几点，我们对发言时间的安排提出以下建议，但这些并非绝对的规则。大多数辩论对辩手责任的规定大同小异。例如，议会制辩论中政府（正方）或反对党（反方）辩手的发言各有一个特殊的名称,是辩手职务和责任的标识。尽管议会制辩论中各方往往只有一次驳论陈词的机会,但是双方辩手的职责与其他赛制无异。因此在下文中议会制辩论的不同发言仍然沿用这些名称标识。

立论陈词

正方一辩或首相的立论陈词

正方一辩陈述辩题,对某些可能会让听众感到疑惑的专业术语进行解释,并沿着正方规划好的路线展开论证。正方一辩需要首先概述己方的整个辩案,然后说明其中的哪些核心论题和分论点将由己方二辩在之后做进一步论证。

简而言之,正方一辩在辩论之初,就需要树立一个明确的基本观点。这个观点关涉辩题,是对辩题内容的阐释,是对辩题主题范围的限定或约束。正方一辩不需要解释辩题中所有的词语,但是对那些意义不明的词、正方之后可能会使用的专业术语以及有特殊含义的词必须明确定义。正反两方在辩论中对某些词语的含义争论不休,是正方的损失。因为正方持有辩题的默认立场,本该在辩论中具有的天然优势会因此受到削弱。在这种情况下,反方通常会取胜。

如果辩论的是价值类辩题，那么你需要呈现的价值观必须非常明确，并把它运用到对所有案例的分析中。如果是政策类辩题，辩手首先必须解释为什么政策调整十分紧迫，说明当前政策带来的问题有多么严重，而且通常还需要提供问题的解决方案。

正方一辩的目标是陈述得绝对清晰。在通常情况下，一辩概括出要讨论的核心论题和分论点，并留待由二辩发展，以便让听众可以清楚地把握整个正方辩论。一辩要在陈词的结尾部分清晰地总结，回顾整个正方辩案。这样将会强调正方辩案，以防稍后可能出现的混淆。

在第二章中，我们提到了正方一辩发言的合理时间安排。确切的时间分配可能会因人而异。但重要的是，辩手要计划好发言的每一分钟。在理想情况下，正方二辩应该参与一辩发言稿的准备。正方二辩必须对正方一辩提出的论点进行辩护，因此要熟知一辩发言的论证思路和论点。辩论队成员共同努力，才可以制定出让一辩、二辩都支持的陈词发言稿。

反方一辩或反对党领袖的立论陈词

反方一辩在辩论中的任务有二：一是提出反方关于辩题的基本思想，二是指出将以何种方式反驳正方的辩案。

在某些方面，反方一辩立论是整个辩论中最重要的发言环节。

我们在前几章已经了解到，反方团队必须在辩论之前决定其攻击方式。它可以仅仅反驳正方所言，也可以攻击正方的价值体系，或者提供一个替代方案。它还可以攻击正方的必要性论据或计划，并且/或者提供己方的替代价值体系或解决方案，承认现状中的问题。但是，一旦反方一辩指明了团队的攻辩方向，整个团队就必须跟进。其他成员不可能在后续的发言中折回，换一种策略重新进行辩论，因为这样会大大削弱己方辩案的说服力。

因此，反方一辩要指明交锋的范围。毕竟，正方必须对辩题的真实性深信不疑，同时在每个步骤中使用一些子辩题或核心论题。这些主张中的每个部分就如同链条中的一环，任何一环断裂都将导致整个链条不复存在。反方通常选择攻击论证链条中最薄弱的环节，对正方最脆弱的核心论题进行攻辩。深思熟虑的正方辩手会非常仔细倾听反方一辩的发言，确定对手的攻击路径，从而做好防守准备。

有的反方辩论队将一辩的陈词发言纯粹用于攻击正方的辩案，而把立论陈词留到二辩的发言中，意图在辩论进入尾声时来个突然袭击，提出反方的分论点、相抗的价值观，甚至相抗方案，以此来碾压正方。毫无疑问，这种策略的价值值得怀疑，因为它基本上避开了辩题的核心论题。此外，这种策略在时间方面的劣势在于，反方二辩只能在攻击对方和应付对方反攻的间隙，将自己的立论陈词压缩一半内容后,见缝插针地抛出来。

　　反方一辩也有最后的机会接受或拒绝正方给出的定义,在这一点上沉默就是表示同意。有些辩手明确表示接受正方定义,为了尽量减少混淆,我们也倾向于这种定义方法。除非另有说明,否则假设正反方都接受同样的定义。在逻辑上,正方有权利确保其对手和听众都能清楚地了解辩题的含义。因此正方最基本的义务是支持整个辩题,他们要定义那些意义含混的术语。反方应该反对那些实际上弱化辩题意义的定义。定义的关键在于:正方究竟是以合理的方式定义这个辩题,还是试图用不合理的方式来改变它?除非定义导致重大变化,否则反方不应该为定义争论不休。

　　反方一辩发言以及接下来的所有发言,应该至少在一开始就承认前面辩手所说的话。如果反方一辩无意立即直接反驳正方一辩,那么首先为听众介绍对方发言的范围实属聪明之举。事实上,这样的概述是有益的。如果没有这部分介绍,听众就可能会得出以下结论:反方一辩没有理解对手的论点,或者更糟糕——反方一辩没有能力回应对手。同样,反方一辩在这一阶段还要介绍在交互质询环节中将讨论的所有重要材料。

　　反方一辩和二辩应该让听众明白:正方负有举证责任。反方应该首先对辩题做出分析,以便将全部的举证责任推给正方。如果反方不明确分析辩题,正方辩手的举证责任就会比其实际应该承担的少得多，这让他们有可能应付过去，许多情况下也确实如此。

随着辩论越来越复杂，辩手也越来越难为发言制定精确的时间安排。你可以从先前我们提出的建议开始练习。一旦熟悉了分论点和核心论题，你就会开始调整自己以适应特定的辩论。你总要做介绍，讨论定义，承认（和在必要时驳斥）正方的论证，从反方的视角（反方/反对党的观念）来分析辩题，通过支撑性论据提出反方辩案，并对切中辩题的正反方辩案进行总结。

正方二辩或内阁成员的立论陈词

可能等到正方二辩发言时，辩论的主要辩题已经被提出来了。因此，正方二辩的主要职责包括重申正方观点，并为正方总结辩案。

毫无疑问，反方辩手会提出反对意见，对此正方至少应该予以承认。正方二辩在发言一开始就可以直接、简洁地提及反方的异议。我们更倾向于在概述中简要提及反对意见，表明将在正方辩案提纲的适当之处加以讨论，这样可以确保辩论在正方辩案的基础上进行，并提醒听众注意正方辩案提纲。既然从本质上说正方二辩的发言属于立论，那么辩手就要克服实施攻辩的诱惑，以免花费太多时间驳斥而忽视支持正方辩案。正方二辩的发言也应该指出已在上一轮交互质询环节中被讨论过的所有事项，并且指出这些事项在之前已经被提及了。这些事项可能是由正方或反方提出的,但需要在正方辩案提纲的合适位置予以回应。在此重申,正方说服的一个关键,是要持续不断地强化正方立论提纲在听众脑海中的印象。

在政策类辩题上,正方一辩发言集中在抨击现状或创造必要性问题上,而正方二辩则提供解决方案或计划。目前,更多的团队选择由一辩来展示正方的整个辩案,让听众能有一个整体性的了解。如此,正方一辩在发言中提出了更多的内容,但介绍每一个内容的时间变得更少了。当轮到正方二辩时,正方团队可以增加支撑性材料从而拓展之前一辩提到的这些内容,也可以从新的方面展现立论材料的优势。然而,如果正方一辩不能使听众相信目前已经存在一个真实的、重大的问题,即使提出解决问题的方案也是无用的。因此,正方二辩首先需要做的是简短地重申正方的整体辩案,承认反方的攻击。在政策类辩题中,如果有必要,正方二辩需要再次证明必要性论题。必要性论题一旦被有效地建构起来,随后将会自然而然引出解决方案,无论该解决方案是由正方一辩还是正方二辩提出的。

另外,在价值类辩题中,正方二辩可能要完成对己方核心论题的论证,也可能要应对反方的攻辩。在辩论练习中,通常是正方一辩呈现整个辩案,再由正方二辩对整个辩案提纲进行辩护。还有一些团队可能采用另一种策略,由正方二辩阐述因为坚持己方的价值观可能会产生的预期效益。

　　上述策略的选择主要取决于个人或团队的偏好或策略。辩论赛裁判可能仅仅熟悉所在领域内的常规策略，所以如果你采用的辩论策略比较特殊，就要在陈词中对团队各位辩手的任务进行明确的说明。

　　正方二辩的发言最后应进行双重总结，重申正反两方辩案。因为此时，两方辩案都已经呈现出来了。由于反方攻击的干扰，正方二辩做的总结需要比一辩长。综上所述，正方二辩发言的可行方案可能是：重申迄今为止出现的正方辩案，承认（和驳斥）反方的攻击，运用解决方案，抑或利用队友的概述提纲与新材料所展现的优势，做双重总结，分析相关辩论，比较正反双方的辩案。

反方二辩或反对党成员的立论陈词

　　反方二辩或反对党成员的主要任务就是将整个反方辩案同整个正方辩案进行对比。实现这一目标的方法就是分析整个辩论，集中火力攻击整个正方辩案，并以反方的视角对它进行评价。

　　从许多方面来讲，听完了整个正方辩案之后，反方二辩成了一场辩论中最自由的角色。反方二辩的发言可用于回击正方的一些具体观点。同时，反方二辩在发言中可以用前三轮交互质询中的材料。反方二辩应当概述正反双方的辩案，澄清核心论题的争论，并将听众的注意力引到正方忽视或没有充分回答的反方分论点上。最后，在论证了反方辩案之后，反方二辩应该尽可能清楚地对双方的辩案进行概括和比较，以此来对整个辩论进行总结。

在很多辩论赛中，反方的成败往往取决于二辩最后的陈词。如果正方的辩案条理清晰、观点明确，那么对反方而言，反方二辩的发言就相当于最后的机会。这时反方发展立论证，以此来推翻正方。请记住，在驳论陈词阶段，正方拥有两个优势，是在其立论陈词时所没有的。首先，不用像立论陈词环节那样必须承担介绍辩题的责任与举证的责任，正方在辩论中第一次能够专注于攻辩；其次，整个辩论赛的最后一场驳论陈词的权利在正方手中。这使得在驳论阶段，反方处于劣势。因此，反方的当务之急是让二辩为自己一方确立一定的优势。此外，因为反方一辩的驳论陈词是否定式的表达，所以如果听众认为反方二辩的驳论陈词只是单纯地对立论陈词的内容进行了延展，反方的发言就很难达到预期的说服效果。

反方二辩可以采取的对策是言简意赅地对正反两方的论点进行比较。反方二辩的立论陈词可以这样开篇：首先概述正方辩案，以及正方基于举证责任在攻辩时所提出的核心论题，然后重申反方辩案与正方辩案之间冲突的焦点。总而言之，二辩的发言一开始就应对整个辩论过程进行概述。接下来反方二辩可以从己方的视角分析正方的整个辩案，进而总结双方论点，指明双方论点冲突的焦点，指出由于己方的攻辩，正方论点的合理性会受到怎样的质疑。如果正方二辩在陈词中提出了新的论据，反方二辩必须予以回应。虽然在驳论陈词阶段，反方一辩可以沿着之前己方的进攻路线继续进行攻辩，但如果反方还需要提出新的论据，反方二辩的立论陈词就是最后的机会。

驳论陈词

澄清核心论题的必要性

无论是正方还是反方，每个驳论陈词都遵循相同的结构安排。辩手有责任批评对方辩案，维护己方辩案。美国前国务卿科林·鲍威尔告诉我们："伟大的领导人几乎总是那些讲话简明扼要的人，他们能够在争议、辩论和怀疑中一路披荆斩棘，提供人人皆明白的解决方案。"

对听众、经验丰富的裁判以及辩手本人来说，辩论中的驳论环节是很具有挑战性的。最成功的抗辩辩手通常是那些能保持冷静的人。他能够向观众澄清核心论题，并且在每一节点精确地展示出与对手相左的分论点。在驳论环节中，准确的结辩陈词往往发挥着决定性作用。成功的结辩陈词需要辩手对整个辩案进行沉着冷静的、明确的概述。

舍弃次要信息

优秀的驳论辩手最重要的品质在于具备拒绝、舍弃和忽视不必要信息的能力。如果你清楚核心论题是什么——这在很大程度上取决于你的整个辩论准备情况——你应该知道哪些内容值得放在最后简短的结辩陈词中。如果在四十或五十分钟的辩论之后，辩论双方还在就一个小问题进行争执，例如某处引文的日期或统计报表中的某个确切数字，却没有谈论到这类信息对关键论点有什么影响，这样的论辩是徒劳无功的。

根据辩案提纲的路线思考和发言

驳论辩手需要按照提纲的路线来思考和发言，把每个核心论题清晰地展示给听众。你只有两种方法：要么攻击（或防守）其分论点，要么攻击（或防守）其证据。时间不允许你讨论对手的每一句话，所以你必须迅速做出决断。如果你和队友在辩论中对正反两方的辩案做了总结，那么这就表明你们已经做出了决断。从你第一次在头脑中概括对手的论点开始，你已经在为驳论陈词做准备了。仔细倾听对手发言的意义正在于此。进行驳论陈词的辩手应该在演讲中向听众解释辩案提纲的术语，并且不断地使用这些术语对比和比较双方的主要观点,以展示争论点所在。你可以通过这种方式帮助一些听众下决心拒绝接受不必要的信息,集中精力关注主要的核心论题。

驳论环节的混乱对正方造成的不利影响将大于对反方的影响,因为它模糊了辩题的核心论题,并妨碍了正方说服听众同意辩题主张的努力。但是,如果听众也无法理解反方的意图,这种混乱的局面也可能不利于反方。在这种情况下,困惑的听众可能只记得条理清晰的正方辩案。因此,驳论环节的重点应该是让正反双方辩案的交锋尽可能清晰地呈现给听众。听众有权利看到双方辩手真实的较量。能够方便听众比较双方辩案的辩论策略就是有效的。我们应该避免使用任何可能妨碍双方辩案进行比较的策略。因此,所有的辩手在驳论陈词环节的目的应该是相同的。

拆分驳论陈词的任务

由于驳论陈词仍然是两个辩论队之间的辩论,所以所有队友应该在驳论陈词环节进行分工合作。通常情况下,不宜由一位辩手单独回应对方辩案中的所有细节。因为时间有限,一位辩手只能在对手辩案细节上"蜻蜓点水"。而同队的辩手们可以将驳论的任务进行分工,其与立论陈词环节的操作是一样的。

在驳论陈词环节正、反两方的一辩和二辩的任务仅在细节上有所不同。

- ❖ 一辩驳论陈词（适用于正、反双方）

  1. 概述对方的辩案提纲，与己方的提纲进行对比，简要陈述稍后将由队友详细论述的论点。
  2. 驳斥对方提纲中至少二分之一的内容。
  3. 介绍己方队友的任务。

- ❖ 二辩驳论陈词（适用于正、反双方）

  1. 概括整个辩论过程中双方辩案的差别。
  2. 驳斥对手辩案提纲的其余部分。
  3. 对整个辩论做最后总结，指明双方辩案的冲突焦点。

在议会制或林肯－道格拉斯式的辩论中，每方可能只能出一名辩手进行驳论陈词。这位辩手需要把上述任务进行归并。

全程追踪交锋过程

倾听对手的陈述

辩手的主要职责之一就是：随着争论的持续，要使辩案适应不断变化的形势。如果不能准确地判断对手的论据，你很难及时地应变。所以你必须设计一个周密的、系统的方法来倾听和追踪你听到的内容。运用这种方法并不难，你要牢记一项基本原则，即辩论实质上就是双方论证框架之间的交锋。

  在日常谈话中我们听他人说话时，列一个单层提纲就能理顺说话人的观点、论据和其他证明材料。但在辩论情境下，需做的事情要复杂得多。我们需要知道对方的主张、论据以及这些主张、论据同对立辩案的关系如何，还要预测对手可能会对我们的主要分论点做出何种回应。换句话说，在对手发言时，你就必须分析一个完整的辩案。因为时间有限，我们的方法必须简单高效。此外，它必须有一定系统性，可以直接用作后期辩论发言的笔记，辩手不用再重新誊写。

  方法之一就是制作提纲式图表，在表中列出双方每位辩手的主张及其举证方法，直观地进行比较。只要能将对立的分论点清晰地分列出来，哪种样式都可以，但最好还包括对其论据的说明，让两个对立的辩案一目了然。如果在整个辩论中一直使用这个方法，那就无须反复抄写双方辩案的论点论据材料，可以直接根据这张表准备驳论陈词。

  为了追踪辩论的流程，一些辩手使用一种简单的双栏列表，即在空白页中间画一条竖线，将白纸一分为二。有些人更喜欢四栏列表，它水平地列出了四位发言者的陈述内容（见图6-1）。

对立的分论点		回应	
正方一辩 / 首相	反方一辩 / 反对党领袖	正方二辩 / 内阁成员	反方二辩 / 反对党成员

图 6-1 辩论流程图示例

这种四栏列表相当有用。但是如果纸张不够大，就没有空间记录论据类型。四栏列表的不足之处在于，你需要用很小的字体书写，但这样的笔记在随后的演讲中不便使用。而较大的纸张又不易携带，也不能用作发言提示卡片。四栏列表的主要优点在于，四篇陈词发言的提纲，水平并列呈现，一目了然。

辩案分析表（见图 6-1）展示的是追踪对立分论点的另一种方法。明智的做法是根据己方辩案提前制作这样一个表格。因为它能在辩论中提供即时的参考。这种类型的表格有几大优点：它将人们的注意力集中在主张与论据的基本要素上；它能针对对立辩案各部分之间的逻辑衔接提供快速参考；无须进一步修改，它能直接用作在演讲台上的发言笔记。如果你也有一份类似的己方辩案提纲，那就意味着你已经准备好在辩论的每次发言中准确地分别总结正反方的辩案。尝试用一下这些方法，找出最适合你的一种或几种的组合，以帮助你提升自己的辩论技巧。

表 6-1 辩案分析

	主张	举证方法	备注
一辩	**立论陈词** 在这里，以提纲的形式，列出对手的主要主张。	在这里，一一列出与左栏相反的项目，这些论据将被用来逐一支持己方的主张。记下论据的类型，如引文、数据或单独的论证过程，或者不出示论据。	在这里列出： 1. 反驳该项内容的任何评语；或者 2. 你准备用以反驳该项内容的论据。 注意：有必要随着对手的发言来填写前两栏。这一栏的内容可以为队友发言提供提示。这一栏也可以空着，因为不管怎样你都必须即兴发言。记住重要的一点：不要因为花时间思考如何回应对手而漏听对手发言的内容。
	驳论陈词 驳论陈词的分析请重复上述过程。		
二辩	立论陈词		
	驳论陈词		

在价值类辩题和政策类辩题中，虽然辩手的具体职责略有不同，但是基本规则大致相同。要想成为一名真正出色的辩手，你面临的一个挑战就是了解各个辩手的职责。如果你已经在尝试不同辩手的

任务，那么你将会成为一名更强的辩手，也将是团队里一名优秀的成员。我们鼓励大家经常进行这种尝试。

需谨记有关辩手职责的五项原则：

1. 辩论中每一次发言的目的都各有不同。
2. 每次发言的各个部分都有要完成的明确任务。
3. 绝对有必要规划时间，以确保完成上述任务。
4. 要想在辩论中随机应变，必须仔细倾听对手的发言。
5. 所有辩手要尽可能清楚地了解己方论证，了解己方对对手的回应，了解前两者与整场辩论之间的关系。

本章探讨了辩手陈述证据、分论点、核心论题以及辩案时各自的责任。现在你已经做好准备，想深入了解如何驳倒对手的辩案，如何捍卫己方的辩案。这将是下一章的主题。

第七章 / 攻辩与守辩

Refutation and Defense

面对争议,绝不可仅听一面之词就妄下定论。

——欧里庇得斯(公元前480—公元前406)

攻辩，是证明对手辩案存在谬误或缺陷的行为，也是辩论的关键环节。攻辩过程中，两方的相关观点与论据正面交锋，直接进行较量，这使得整个辩论过程变得非常刺激。因为攻辩不是宣读提前备好的讲稿，更多的是即兴发言，所以它极具挑战性。攻辩发言是建立在前期的辩题研究、辩案准备和对另一方攻势的预测基础之上的。它是辩论的核心，驾驭的难度不小。如果你勤加训练，时时用心，领会本章将阐述的攻辩策略，你一定能掌握攻辩的技巧，成为出色的辩手。

攻辩的目的

在高水平的辩论中，正反双方的立论质量通常是势均力敌的。在实际辩论中，谁能成功地驳倒对手，守住己方的立场，谁就是胜者。因此，提高攻辩与守辩的实力，才能提高赢得辩论赛的胜算。关于本章的内容，我们的理念是：备战攻辩和守辩的最上策就是不断对辩案的每一个环节进行完善。简而言之，最有效的攻辩策略一定源自出色的辩案。

"攻辩"一词，语义十分宽泛，但实际使用范围较为狭窄，因此容易引起混淆。攻辩是证明对手的辩案存在错误或缺陷的行为。它的目的就隐含在这一定义之中。显然，攻辩的目的就是"破"。攻辩分为直接攻辩与间接攻辩两种。由于辩论是一个综合的说服过程，你会发现，一场辩论既有直接攻辩也有间接攻辩。正方在立论陈词时进行的陈述是对反方立场间接的攻辩；当攻击或防守某个具体论据的责任从反方回到正方手里时，正方对反方的反驳将是直接的。

间接攻辩

辩手使用反向论证攻击对手的观点时，就是对对手的一种间接攻辩。反向论证就是辩手向听众证明己方论点成立的可能性非常高，而相应地，与之相反的观点成立的可能性变得极小，不能被接受。例如，正方会使用分论点 A、B、C 证明一个必要性论题，而反方对正方必要性论题进行攻辩，就是提出分论点 X、Y 和 Z。尽管反方对正方论据的攻辩是间接的，但是双方在必要性论题上的交锋是直接的。反向论证是反方在构建己方辩案时在立论部分经常使用的一项重要策略。

直接攻辩

直接攻辩就是直接攻击对手的论据，而不涉及对相反观点的立论与论证。例如，直接攻辩会通过证明分论点 A、B 和 C 的错误或缺陷来攻击正方的必要性论题。你可能已经猜到了，最有效的攻辩是将直接攻辩和间接攻辩的结合。这样，攻击的力量既来自对对手论点的"破"，也来自与其相反观点的"立"。

如果广义地理解攻辩，我们可以将正方的立论看作对现状的攻辩，将反方的立论看作对正方主张的攻辩。虽然你可能认为立论与攻辩的概念并没有关系，但是别忘了，立论论证是针对对手观点的反向论证。然而，立论论证与攻辩毕竟是不同的。立论论证被看作是广义攻辩的一部分，可以通过对潜在的反方论点的分析，在辩论之前就准备好。攻辩则主要在辩论过程中进行。正因为如此，攻辩是辩手面对的最复杂的情况之一，比较难处理。在辩论的过程中，正方观点与反方观点之间的对抗可能很容易被理解为两个对立的论证框架之间的对抗。在这个过程中，直接式攻辩是一种重要的攻击手段。

进行有效的攻辩

我们已经强调过了，攻辩既有"立"的方式，也有"破"的方式。辩手既可以选其中一种达成攻辩的目的，也可以同时使用两种从而更有效地达到目的。这里应该补充的一点，就是攻辩和驳论、攻击和防守都是同一枚硬币的两面，所用的方法也要适用于两个方面。直接攻辩的目的是证明对手的辩案存在谬误或不足，而防守或守辩的目的是证明对手的攻辩存在谬误或不足。在这两种情况下，辩论的方法是相同的，即通过分析对手的推理过程和证据来完成攻辩和驳论。那么，现在让我们集中探讨击败对手辩案的破坏性方式——直接攻辩。

直接攻辩的方法

攻击对手辩案,就是证明对手辩案所依据的论据存在谬误或不足。由于论据是对证据进行推理的结果,以下两种直接攻辩,其中一个是攻击证据本身,另一个是攻击推理过程(即证据的含义)。

如何攻击证据

攻辩旨在揭示对手的论据存在谬误或不足,所以主要针对证据,使用最广泛的方法是检验"证据是否正确?"和"证据是否足以证明分论点?"下面列出的问题是更为具体的检验标准。

❖ **对事实证据的检验**

1. 对手提出的事实本身是否前后一致?
2. 这些事实与其他已知的事实是否一致?或者这些证据是否看起来有些不寻常,像被特意"挑选"出来的?
3. 事实证据是否足以支持由此得出的结论?
4. 事实的陈述是否准确?
5. 事实是否用高质量的证明文件进行了核实?信息源是否有资格了解和报告事实?

❖ **对观点证据的检验**

1. 该观点的来源是否合格？该消息是否来源于所谈论主题的专家？该消息来源是否有偏见？这位专家的观点是否一贯准确？
2. 所引用的引文是否公正地表明了引文作者的真实观点，还是"从上下文中摘取"或以其他方式歪曲了此人的观点？
3. 该观点与该权威人士的其他论断是否一致？
4. 权威人士提出该观点的根据是什么？因为观点是建立在逻辑推理基础上的，得出观点的推理过程也需要经过检验。

总之，针对证据的攻辩仅限于对证据正确性和充分性的检验。但是辩手仅仅靠比对证据，是不会成就高质量的辩论的。我们发现，不论辩手水平高低，他们都容易将攻辩局限于双方证据的比对上，并满足于此。例如，在政策性辩题的辩论中，要通过一项关于健康保险的联邦计划，正方认为有必要推行强制性健康保险，并用证据支持这一论点。其证据是：在 A 和 B 城市，大部分老年人享受的医疗服务严重不足。反方可能反驳说，有证据表明，在 C 和 D 城市，老年人受到很好的照顾，因此没有必要推行强制性健康保险。这种无效的证据比对导致证据毫无根据地跳到核心论题上，忽略从证据到分论点或者证据含义的推理论证过程。如果缺失对论证过程的辩论，如果分析迷失在对成堆的笔记卡片的单纯比较上，那么，正如某些批评家所指出的那样:"这样的学生辩论赛将是教育的失败。"证据之间的关系应表明问题确实存在。随之而来的论证应该沿着这样的路线推进:首先,确认目前问题是否严重和紧迫,是否存在解决的必要;其次,问题是否为一直以来固有的;最后,正方是否为问题的解决提供了可靠的解决方案。

一名常驻美国最高法院的《纽约时报》记者曾对辩手在全国辩论赛中的表现进行评价。这名记者的批评是,辩手在辩论赛中总是爱比对证据,而不去用心探究证据的含义。辩论赛中辩论双方各自站在辩题立场的两端,互相展示己方的证据卡片,比较强弱,直到最后其中一方的卡片不足,"输掉"辩论。该记者认为,这看似玩笑但并不完全是玩笑。

对辩论而言,证据固然至关重要,因为它建立在论据逻辑性的基础上。但这并不是说,在任何有争议的核心论题上,每一方都会有丰富的证据。证据的比对并不能成就高质量的辩论。另外,对证据的意义和冲突证据的意义进行推理分析,辩论发言才能展现其真正的分析价值。这就是为什么即使你方可能没有任何具体的证据,也仍然可以针对对方的论据展开辩论。你可以合理地分析和攻击对方根据证据推理出的结论存在缺点和错误。最强的辩论,往往不是关于某一证据的辩论,而是围绕证据如何衔接、如何关联、如何联系、具有何种意义的辩论。

如何攻击推理过程

在高质量的辩论中，证据本身通常并不存疑。事实证据的陈述完全准确，被引证的观点来自公认的权威，而且每位辩手都对证据的知识背景了解得比较全面。因此，争论应集中在证据的意义，即有关事实和观点证据的推理方面。

由于辩论中的论证是依据分析过程进行的口头阐释，所以所有辩手都必须培养这项技能，它能说明结论是如何从证据中得出的。简而言之，就是：辩手如何陈述推理过程？要回答这个问题，必须回到本书在第六章中介绍的概念。如果推理过程可以被描述成证据与论点的关系，检验这种关系正确性的问题可以用来检验论据的正确性。本书第四章的表 4-1 提供了一份检验论据的指南。在使用该图表时，你应该记住检验论据的指导原则，即所有论据的形成都是基于演绎论证或归纳论证。

上述材料表明，对论据的攻辩取决于对推理论证过程的分析。辩手应该使用这些分析方法对己方辩案的论据进行检验，并找机会更深入地学习论辩过程。我们强烈建议你阅读论辩学相关的图书资料，如果有可能，系统学习论辩学、辩论、批判性思维或逻辑学相关课程。

常见的论证谬误

在结束关于论据分析的讨论之前,辩手们还必须注意学生辩论中经常出现的三种论证谬误,或者说是论证错误。这就是乞词论证、偷换概念和仓促概括。虽然还有一些其他的谬误,但多从属于这三类谬误。我们相信,了解这些主要论证谬误将有助于你即刻开始培养良好的论证技能,并且为你今后理解和避免其他谬误做好准备。

乞词论证

乞词论证的错误在于,它将本应证明的基本论点设为前提。例如,小乔认为,工科学生不应该把时间浪费在学习文科课程上。可能大家都同意工科生(或任何学生)不应该浪费他们的时间,但要用推理和证据来证明的基本论点是文科课程对工科生来说是浪费时间。要当心无凭无据的假设。此外,问题引发的错误可能关系到整个辩案。许多辩论指导教师很惊讶为什么那么多正方辩案会存在这样的推理错误。在实践中,这种错误的推理过程是这样的:

> 存在的问题使得改变很有必要。
>
> 所以,应该采纳正方的提议。

> 或者
>
> 　　当前价值体系存在缺陷。
>
> 　　因此，应该支持这项提议。

这个例子无依据地假设正方辩案将解决问题或克服缺陷。不要想当然地认为正方辩案中的可行性或可取性方案就不存在谬误。有一种类似的错误，被称为事后谬误：假设因为一件事情在另一件事情之后发生，所以第一件事引发了第二件事。比如，当一个辩手提出：证据显示在制定联邦计划后失业率下降，因此认为失业率下降是因为该计划的制定。除非能证明这两者之间有一些直接的联系，否则事件发生的顺序不足以支撑这一结论。以上这两个问题都来源于错误的假设，这些假设暗示或假定了一种可能并不存在的关系。

偷换概念

当辩手夸大证据的外延以使其证明的范围比其实际能证明的范围更大时，或者当辩手夸大对手的立场以使其更容易攻击时，就会出现这种错误。避免错误的方法是学会明智地使用证据，并在处理对方辩手的论点时培养公平和客观的意识。许多辩手习惯于以标准的方式思考观点、核心论题、分论点甚至证据，当对手表达了与己方立场相似，只是带有一定偏向的观点时，他们往往会忽略对手观点的外延。

如果辩手没有认真倾听对方发言，那么他就会反驳一个自己猜测的但对方并未提出的论点。如果你听到一个反方辩手声称："正方支持公民应有更多的信息自由，这就意味着高中学生能够更容易地获得避孕产品，美国家庭也将因此被摧毁。"那么此时你正在见证偷换概念的谬误。集中精力，做好笔记，培养倾听技能，这些都将帮助你避免这种令人尴尬的错误，从而使你不会出现偷换概念的谬误。

仓促概括

仓促概括，就是在没有进行充分观察的条件下轻率得出结论。例如，一位辩手曾读到一篇材料，报告底特律公立学校的辍学率为45％。据此，该辩手就总结说："美国的教育是失败的。"你可以很容易看到，这种存在局限性或特殊性的事例并不能提供足够的信息来进行归纳。它需要与某种类型的国家统计数据结合起来，以避免谬误。如果辩手追求的是宽泛、笼统的论断的戏剧性效果，他最容易犯仓促概括的推理错误。辩手如果意识到自己正在处理的问题是一个概率问题，需要合理、审慎地对待，就会花时间脚踏实地进行合理的概括。

直接攻辩的原则小结

直接攻击对手的分论点和证据,指出它们存在错误或缺陷。这种攻击是通过以下三种一般方法完成的:

1. 指出宣称的事实或观点是不真实的。或者它们是真实的,但彼此无关。

2. 证明即使证据具有准确性和相关性,但得出的结论是不正确的。

3. 即使证据可以被接受,它也不足以使论证结论成立,或者即使分论点是合理的,也不足以使核心论题成立。通过这种方式证明对方辩案存在不足。

攻辩的组织

攻辩在整个辩论中的布局

攻辩应该安排在哪里,才能最有效地攻击对手的分论点,并确保双方能在辩论中进行正面的交锋?答案是,当辩论双方都已经认真地分析了己方的核心论题,并针对各自立场提出了支持的分论点,这个时候进行攻辩,双方的交锋就会水到渠成。

然而，这并不意味着，正方二辩或反方辩手可以仅仅朗读或熟记一篇简单的演说。首先，所有辩手都需要是多面手，能够随机应变，不要在已经无效的分论点上再浪费时间。但最重要的是，反方在立论陈词的同时，就应该说明己方辩案与正方辩案之间的关系。一个方法就是反方提出己方立论的分论点之后，就立即挑明这一分论点对正方主张的影响。这才是反方在立论陈词的语境下对正方做出的有效攻辩。正方二辩也有同样的责任，在完善己方辩案的同时，他应将正方辩案与对反方的攻击联系起来。最有效的方法是，在正方辩案创设的组织结构中回击反方。辩手如果能掌握这一技巧，会发现攻辩也是强有力的武器。

如果正、反方都对自己的辩案进行了充分的论证，辩论是沿着两个对立的提纲推进的，那么辩手就比较容易回到己方的论点或整个案例中进行辩护。当你将自己的提纲与对手的提纲进行比较和对比时，要牢记自己的提纲。

简而言之，当两个立论的论证框架放在一起进行比较时，其效果是避免了证据比对的缺陷，但可能导致分论点之间互相比对的风险。可以说，即使是这样，这样的结果也远比证据比对要理想得多。仍应强调的是，高质量的辩论不仅会展示一个界限分明的正方立场与反方立场之间的冲突，而且会对这两个立场的关系进行分析。正方的分论点将与反方的分论点联系起来，以便澄清一个分论点对另一个分论点的影响。

预期的结果是,双方的分歧领域较小,核心论题所依托的关键分论点更加清晰,整个辩论将趋向于以更理性的方式来决定辩题是否成立,而不是像通常正方反对反方时所言的"这是对与错的对决"。

局部攻辩的组织

无论是在立论陈词阶段还是在驳论陈词阶段,辩手都应该观察对手的整个辩案,评估全面攻击的效果。不过,由于要谈论对手的攻击,所以辩手必须对攻辩加以限定,即每次只攻击一个分论点。在前面我们强调了攻辩个别论点与攻击整个辩案之间的关系,本节的目的就是提供组织局部攻辩的操作指南。对个别分论点的攻辩可采取以下五个步骤:

1. 明确攻击的目标。
2. 澄清将要被攻辩的分论点与对方进攻之间的关系。
3. 陈述己方进行攻辩的路径。
4. 在攻辩中提出己方的分论点。
5. 指出你的攻辩对当前辩论的对方核心论题有何影响,并将其与对方整个辩案受到的影响相关联。

示例：攻辩的五个步骤	
第一步和第二步： 确定攻辩的目标分论点，以及它与整个辩案的关系	在论证价格控制的必要性时，正方认为通货膨胀的影响损害了美国劳动者的利益。现在，如果这是真的，那么正方辩手确实有充分的理由证明价格控制的必要性。然而，我们有证据证明，正方忽视了美国经济状况图景中一些重要的方面，从而得出了一个错误的结论。美国的劳动者是否受到了通货膨胀的伤害？恰恰相反，根据美国财政部长的说法，他的购买力在过去的 20 年里上升了 40%。而且根据劳工组织自己进行的一项研究（AFL-CIO 报告，即美国劳工联合会与产业工会联合会联合委员会的报告），"即使物价上涨了，劳动者仍然有能力在市场上购买比以前更多的所需商品"。因此，我们看到，正方关于价格控制存在必要性的论点，即关于劳工福利需要得到保护的呼吁，被劳工领袖自己推翻了。现在让我们继续讨论他们的其他必要性论题，看看这些问题的存在是真实的还是源于对方辩手的想象。
第三步： 如何攻辩	
第四步： 使用支撑证据进行攻辩	
第五步： 说明攻辩对对方的影响。过渡到下一步攻辩	

守辩的技巧

辩论赛赛制与规则的制定就是为了保证辩论双方获得公平的机会。因此，你应该将辩论中的每一次发言都视作证明己方观点的机会。这一原则也适用于你的对手,他们通过攻辩来质疑你的辩案。关于己方辩案的任何陈述或问题,都可以转化为对己方论点的重复。把对方的攻辩论据和论证作为目标进行直接的反击,即反攻辩,不仅虚耗时间而且会加深听众理解上的混乱。但是你可以利用对方对己方的"攻辩"将辩论的焦点引导到己方的辩案上,如下例所示。这五个步骤用书面文字呈现显得有点冗长,但在用口语进行交流的辩论实践中,只要语言表达准确,实施起来用时很短。比如下面的守辩,辩手在一分钟内就能搞定。

示例:在下面的例子中,正方辩案呼吁一项永久的价格控制政策,而反方辩手可能正在驳斥这一必要性论题。请注意辩手是如何使用精练的语言将众多观点及其相互间的关联和影响融入一段发言中的。

因此,总而言之,我方辩手承认价格波动可能会带来一些问题。但我方已经证明,这些问题并不构成联邦政府采用永久立法来控制价格的必要性条件。我方的论证是基于以下事实,即除了联邦政府设有十个机构有价格调控权力,目前美国有二十一个州对价格控制进行了立法。既然价格调控的永久立法已然是既成事实,正方面临两项举证责任:(1)证明现行的三十一项价格控制举措存在内在的缺陷;(2)最重要的是,正

> 方需要追溯目前的问题，证明它们的产生是源于政府对价格的控制不够持久，因为很明显正方列举的问题不是因为立法不足造成的。简而言之，在正方提出的这三十一项法律或措施之外，只需再增加一条法律。正方必须证明为什么增加这一条法律就会发挥作用。

此时正方应该如何回应？放弃并承认失败吗？我们不希望这样！相反，正方应该正面迎击。如果上述反方的攻辩出现在反方一辩的立论陈词中，它可能针对的是正方二辩的立论陈词，此时正方二辩就应该予以应答。在这种情况下，应答的内容与正方提议的解决方案及其可行性相关。正方可以这样说：

> 在继续辩护我方（正方）的解决方案及其可行性之前，请大家注意，反方已经承认了现行制度确实存在严重的问题，亟待解决。反方的立场是，由于过去有过相关立法，这一问题都未能解决，因此未来新的法案也不一定奏效，所以不应该尝试新的法案。反方的立场是失败主义的立场，如果我们都采纳反方的理念，那么社会将不再进步。我们需要让大家记住的是：我们正方的提案优于以前的任何一项法案，它将解决现有制度中正反双方都一致承认的问题。现在我们就来谈谈我方的计

划，展示它与现行法律相比有哪些优势，以及将如何消除反方辩友对它的质疑。

大家现在看到了，正方辩手已经以一种自信的姿态接受了反方的挑战，并且已经预测了如何应对这个挑战。请注意，这位辩手将从正方辩案的视角予以回应，并基于正方观点得出结论。现在他将展示该计划将如何解决问题，该计划可以突破之前方案的不足并发挥作用。做好了充分准备的辩手会把辩论拽回到己方的辩案上，在自己的地盘上迎接对手的攻辩。

攻辩中的遣词造句

因为攻辩总是与复杂观点的交流有关，所以辩手一定要让交流的工具——语言，尽可能准确、清晰。这一点非常重要。辩手要避免使用意义模糊的词汇。运用辩论的专业词汇来指称核心论题、分论点和证据。如果对手使用一种特殊的名称来指称分论点，你在指称对方的分论点时也要使用相同的名称。同样，在你自己所有的发言中对参考文献和辩案提纲的指称也要前后一致。但是辩手对这个问题不够重视，如表7-1所示。表7-1中的例子直接出自大学辩论锦标赛赛场上的辩手之口。

表 7-1 攻辩的语言

少用：	理由：	建议替换为：
"已经提到了这一点……"	模糊。不管是核心论题、分论点或是证据，都可以被称为"这一点"。这是在辩论中最常见的语言谬误。本身含义就很模糊。如果过度使用，会导致混乱。	"关于方案可行性的论点已经被下面这一条论据驳斥了……"
"我们引述的内容已证实……"	模糊。通过使用具体的参考文献让陈述更具体。词语"引证"是首选名词。	"2002 年来自美国兰德公司的研究数据以及 2003 年来自 Prestige 大学怀特教授的一项研究数据均显示……"
"他们说过……"或者"我们提到过……"	模糊，粗糙。	"正方一辩曾断言……"或者"有政府官员曾称……"或者"这个论点已经……"
"反方并没有太多证据来证明……"	缺乏技巧。"太"一词的使用有时被称为"'太'字赘句"。它不仅会招来对手关于多少证据才算正好的质疑，而且是在对根本不可能发生的情况进行否定。反方的证据可能太多吗？	"反方提供的证据不足以证明……"

续表

少用：	理由：	建议替换为：
"现状正在关注……"或者"我们的计划正在关注……"	老套。	"现状中存在的问题正在得到有效解决"或"如果正方的主张被采纳，那么这些问题将很快得以解决，因为……"
"没有……的必要。"	老套。更合适的表达可以是"目前的问题还不足以构成改变现有政策的必要条件"，而不是说"丝毫没有……的必要"。	"虽然反方承认当代社会的一些问题，但这些问题都是次要的，可以在现状的框架内得以解决。因此，这些问题还不足以构成重大政策改变的必要条件。"
"对方的论点不成立。"	老套。	"政府方的论点没得到充分的证明"或者"因此，这个论点被推翻了"。
"在我的队友站在台上发言期间……"	老套，粗糙。	"在反方一辩发言期间"或"首相的立论陈词"
"他们反过来说……"	粗糙。	"反方的回应是……"

续表

少用：	理由：	建议替换为：
"他们是如何打击这一点的呢？"	粗糙。尽管偶尔使用这样的提问来澄清对方的论据，进行强调可能是一项有效的策略。	"对这一分论点的攻击是什么？"或者"我们可以分析一下对方意图如何反驳这一分论点"。
"对方辩论队的成员曾提出这样的论点……"	粗糙，过于老套。	"对方提出了这一论点……"
"我们站在……基础上"	粗糙。	"我们证明这一论点的证据是……"
"我们证实了这个……"	粗糙。	"我们证明……"
"他们的论据在哪里？"以及"我们已经提供论据……"	粗糙，不准确。"论据"经常与"证据"混为一谈。	"证明……成立的支持证据在哪里"或者"我们已提供证据来支持……"

攻辩与守辩是辩论的关键。攻辩过程中，两方的论点与论据正面交锋，直接进行较量，整个辩论过程将变得非常刺激。因为攻辩不是照本宣科，更多的是现场发挥，所以它极具挑战性。攻辩与守

辩是建立在前期的辩题研究、辩案准备和关于对方潜在攻辩的预测基础之上的。它们是辩论真正"发生"的地方,驾驭起来有一定的难度。本章概述了攻辩与守辩的基本原则。如果你勤加练习,经常揣摩、领悟这些原则,一定能掌握攻辩的诀窍,成为出色的辩手。

攻辩和守辩的七条指导性原则

1. 最有效的攻辩和守辩来自强有力的立论。

2. 检验证据的正确性及其充分性以后,再展开攻击。

3. 攻击对方支持的基础(证据),并攻击其推理(证据与论点之间的关系),以此来反驳论据。

4. 辩手必须将己方的分论点与对手的分论点联系起来,以证明攻辩的效果。

5. 判断攻辩的效果必须将攻辩的过程与其在整个辩论中的影响放到一起作为一个整体来考虑。这样做有三层含义:

(1)针对对手证据的攻辩意在削弱或彻底否定该证据所支持的分论点;

(2)针对对手论据的攻辩旨在支持你所支持的核心论题;

(3)某一个核心论题的论证如果失败,可能会导致正方辩案论证最终失利。

6. 攻辩必须有一个清晰的结构才能达到应有的效果。在攻辩结构部分列出的五个步骤，你反驳每一个观点时都可以使用。

7. 攻辩的语言必须清晰、简洁、直接。避免犯表 7-1 中列出的那些语言错误。即便你听到其他人在用，也不要随波逐流。

> 本章的目的在于展示如何通过攻辩攻击对手的辩案，以及如何辩护己方的辩案。确定攻辩目标和范围的一个方法就是通过提问让对手回答关于其辩案的一些问题。这个提问的过程被称为交互质询，它将是下一章的主题。

第八章　交互质询

Cross-Examination

> 看人如何作答，可知他是否机敏。看人如何提问，可知他是否睿智。
>
> ——纳吉布·马哈福兹，1988年诺贝尔奖得主

在介绍交互质询的具体指导原则之前，我们先介绍一下学生辩论赛制中交互质询的定义和规则。

交互质询可被定义为：在规定时间内有针对性地就辩论中的核心论题展开提问和回答。一个有效的交互质询将包括一系列经过慎重考虑而精心设计的问题，这些问题有一定次序，清楚地展现了观点形成的过程，有助于说服听众相信你与你所持的观点。

20世纪70年代中期以前，交互质询多出现在美国高中生辩论赛中，但当时在大学生辩论赛中颇为少见。70年代中期，美国交互质询辩论协会成立，开始举办全国性交互质询赛制的辩论比赛。后来全美辩论锦标赛也开始采用交互质询赛制，此后不久，几乎所有的美国高中生和大学生辩论赛也都陆续增设了交互质询环节。较为流行的议会制辩论赛，常常允许辩手打断对方的陈述进行交互质询或提问，而且问答时间通常都计入陈述一方的发言时长。林肯－道格拉斯式辩论（每队只有一位辩手参加）也规定了进行交互质询的时段。今天大家能见到的各种类型的辩论赛几乎都会给问答环节预留出时间。但是交互质询的形式各有不同，有的是作为专门设置的独立环节出现的，有的则是以直接打断对方辩手发言进行询问的形式出现的。虽然辩论赛中的交互质询可能与法庭上的质证有相似之处，但是其目的、规则及原则与法庭上的质证不同。

交互质询的目的

交互质询最主要的目的是说服听众接受你方的观点，否定对手一方的观点。为了实现这一目标，你可以有目地发问，借助一连串巧妙设计的问题引导对方陈述或承认某些对提问者有利的论据，达到说服听众的效果。交互质询的方法一般有四种，既适用于询问问题的人（质询方），也适用于回答问题的人（应答方）。它们是：（1）建立良好的个人信誉，（2）澄清对手辩案中的核心论题，（3）揭露对手论证中的潜在漏洞，（4）提高自己专注于核心论题的能力以及回答对手提问的能力。让我们逐一探讨如何掌握这些手段。

建立良好的信誉

高超的辩手一定会说服听众相信自己。亚里士多德在两千多年前就肯定了这一交流手段的重要性，并称之为"诉诸人格魅力"。他指的是如何让听众了解演说者的性格、知识和态度。目前的研究一致认为，影响听众对辩手信任度的四个因素是：辩手的活力值、专业性、可信度和友善度。

1. **活力值**。如果你用积极、自信的语调提问和回答问题，听众会发现你充满活力。辩手应该与对手和听众保持适度的眼神交流。

提问和回答的时候，要尽量站到发言区中心位置。只要开口发言，就一定要注意恰当使用表情和手势。倾听对手的提问或回答时，你应该彬彬有礼，表现出对他人的尊重。

2. **专业性**。为了留下一个专业性强的好印象，你的提问应该能说明你对这个话题有深入的了解，而这些问题与对手的立论辩案直接相关。同样，你的回答应该表明你掌握了辩题主题涉及的知识领域，并准备了具体的证据。正确地使用与主题相关的词汇，不要出现发音错误，注意语速和节奏，不要时慢时快。

3. **可信度**。关于辩手可信度的印象会在你提问与回答的过程中传递给听众。你不能为了避免回答一个棘手的问题而改变自己的辩案或核心论题。同立论陈词一样，你在质询时所使用的论据一定要保证素材的质量。如果你不知道答案，最好如实承认，这要比你勉强使用低质量的论据模棱两可地作答要强得多。当然你可以暂时承诺在稍后的辩论中，你将会对这个问题做出回应（但记住，你必须兑现自己的承诺，否则，你的可信度会大打折扣）。

4. **友善度**。问答双方都应该在交互质询始终保持一种友好、专业的态度，并围绕核心论题（而不是针对持有此观点的辩手本人）进行问答，以表现自己的善意。质询中你可以来点小幽默，但是讥讽对手，向对手发起人身攻击就不应该了。很多辩手自以为是的幽默在他人看来却是一种粗鲁的表现，辩论效果会因此大打折扣，己方甚至会失分，最终输掉比赛。当两队的辩论水平明显不在同一个层次时，来自较强一队的善意尤为重要。强队必须保持自己的专业性，而不要表现得有优越感或盛气凌人。在议会制辩论中，打断对方的发言还需要讲究策略，让自己的行为保持一定专业水准。不要肆意频繁打断对方的发言，不要提浅显的问题，更不要故意通过冗长曲折的问题挤占对方的发言时间，这些行为会被裁判判定为违反了辩手信誉的伦理原则与善意原则。

如果你牢记在交互质询中必须为自己树立良好的形象，让裁判和观众认为你具有良好的品格或信誉，那么你在辩论中的发言就会有更强大的感召力。同理，在交互质询中表现欠妥也会减弱你在辩论其他环节发言的效力。

确认对手的核心论题

作为质询方，你在交互质询时，有机会澄清所有可能的误解。比如你质疑对手所引用的关键论据的确切来源，交互质询就是提出质疑的时机，你还可以借此发表关于对手证据质量的评价。你可能做了详细的笔记，表明对方没有提供证据支持某一论证。在交互质询中，你可以问，"关于能源节约的增长力度，也就是 C 部分的论点 2，你是否有明确的证明材料？"这样，如果对方在之前的辩论中已经提供了论据，裁判和听众都清楚地记得，只不过是你漏听了，你就不会在随后的辩论中冒昧地指出"对方辩友没有为这一论点提供论据!"让自己无谓地尴尬。但是你得注意,交互质询不是为了给对手机会重复或重新阐释他们的重要论据的,所以你应该在第一时间就抓住他们的论据。作为新手,你应该注意只能偶尔要求对方重复一个观点或词语。当你已经熟练掌握了倾听以及记笔记的技巧以后,你可能就完全不需要这样做了。

在交互质询环节,质询方应该关注对方的辩案,而不应该借此时机扩展自己在立论陈词中漏掉的论据,提出对手之前要求出示的论据,或者在某些核心论题上与对手展开争论。这个阶段的任务是了解对手的辩案,以为己方下一步展开分析论证或者探究对方立论中的弱点做准备。

暴露对手辩案的潜在弱点

这可能是质询环节最令人兴奋的地方。你可以要求对手辩护或阐明自己的理念、术语的定义、辩案的话题范围与焦点、核心论题的局限性、论据的选择标准、得出结论和关联关系的推理过程,以及证据的运用等。我们需要再次强调的是,你的目的是暴露对方辩案的缺陷,而不是暴露他们的个人弱点。如何保证自己不跨越这条红线,需要一定的技巧和智慧。这个技能对新手而言有相当的难度,有经验的辩手也会犯这样的错误。为了提醒自己就对方所持的观点而不是对个人发表看法,一个最简单的方法是就对手辩案提纲中的具体条目或具体某一点来提问。比如,"我的下一个问题是关于第一条论据,对方辩友引用了 20 年前的一项研究来支持你对科学技术的新发展这一论证。考虑到技术领域的快速发展,你如何用证据证明你的论证是正确的?"这样的问题集中在证据运用的分析方面,你完全不需要诉诸讽刺就把解释的负担交给了应答方。又如,"你怎么能愚蠢到用这种劣质的证据呢!这种错误让我们赢了这一回合。"要避免这样的语言,因为它表达的只是你个人的看法,对于探查对手论证分析中的漏洞没有帮助。

另一个要避免的是那些听起来让人觉得辩手自己很困惑的质询方式。例如,"我不理解你在论点 2 的 B 部分使用的证据"。再者,实际上,这样的语言让人觉得发言者的个人能力很弱,而对方的辩案并没有受到影响。一开口就用"我不明白""我不理解""关于……我很困惑",这类表述会损害你自己的信誉度,要么使你显得很软弱,要么被理解为在讽刺对手。由此,要使用一个与对方辩案直接相关的问题,而且要开门见山地问。

培养专注的能力和应变的能力

这两种技能在提问和回答问题时都很重要。如果你是质询方,只有认真筹划,才能提出精准的问题。不管你是有三分钟的时间来进行质询,还是仅仅站起来打断对方辩手的发言,语言精练都至关重要。你可能还记得上文提到的例子,你可以引用对手辩案中的某个具体证据作为开场白。要避免那些啰唆的表达,比如,"嗯,好吧,现在我们看看。我有一个问题是关于一些你可能说过的,呃,让我想一想,我确定问题就出在这儿。"质询的时间十分宝贵。语言要尽量精练。你可以这么说:"我们质疑对方辩友关于论点 2 的 A 部分的结论,即你们试图证明税收增加 1000% 是合理的。请解释一下你是如何得到这个数字的,并说明什么样的证据或分析支持这一数字。"这样的语言直截了当、简明扼要,对应答方的要求也是具体的。

此外,请尽量不要使用带否定词的问句和双重否定问句(例如,"难道你们的研究不适用吗?"或者"难道你们不认为美国没有足够的能源吗?")。这些问题实际上就是反问句,问题的答案已经隐含在句中了。它们实际上不是提问,从效果上看,更像是一种陈述。因此要避免否定问句和反问句,要直截了当地提问。

质询问题的类型

辩手常用的质询问题主要包括直接式、开放式、探查式和诱导式四种。

直接式问题

直接式问题是询问一条非常具体的信息，回答通常很简短。"你方所说的能源定义的来源是什么？"或者"你认为违反你计划的行为应该受到强制处罚吗？"这些都是直接发问的例子。

开放式问题

开放式问题允许应答方详述观点，但可能应局限于对辩案中所隐含的意义做出解释，而不是重复那些已经提出的观点。"告诉我们，你为什么赞成对违法者实施强制执行"，这种表述优于"解释一下你们方案的理念"。随后应答者可能会拓展甚至透露一些信息，这部分信息可以在之后帮助你制定应对措施。

探查式问题

探查式问题与开放式问题一样，回答通常比直接式问题的回答要长，但与开放式问题不同的是，它使用的范围更有限。通常针对的是对方辩手某一个具体的推理论证思路。比如，作为反方你可以问正方辩手，"为什么正方完全依赖联邦政府的资源来支持联邦干预项目呢？"这样的问题可能会暴露出正方的研究基础薄弱，或者有助于反方利用正方证据中的偏见发起反击。在对手陈述"是什么"的表象之下，努力挖掘它"为什么"包含在这个辩案中，可以帮助反方在随后的攻辩环节中确定自己的攻击目标和范围。

诱导式问题

诱导式问题是人们对法庭剧的刻板印象，律师抛出一连串问题，最终导致证人心理防线坍塌，承认自己有罪或做出其他同样具有戏剧性的举动。辩手也可以抛出一系列的问题，特别是当某种逻辑关系是该系列问题的终极目标的时候。例如，质询方可能会按照如下的路径来做一些尝试。

例子：主要问题

质询方：关于论点 2 的 B 部分，你支持它成立的证据是什么？

应答方：我们引用了一项呼吁发起联邦干预项目的研究。

质询方：研究是联邦政府做的吗？

应答方：不，它是由茨威格勒研究所完成的。

质询方：研究是由联邦政府出资委托他们做的吗？

应答方：嗯，是的，双方签署了一份联邦合同。

质询方：签署日期是？

应答方：1992 年 10 月。

质询方：那一年有总统选举吗？

应答方：有，我确定。

质询方：金钱能影响一项研究的结果吗？

应答方：我不知道你是什么意思。

质询方：假设你被雇佣去修剪某人的草坪。你会按他们的要求做吗？

应答方：我想会的。

质询方：这种偏见是否也有可能悄悄渗透进研究报告中呢？

应答方：我认为这是可能的。

质询方：那一年布什总统竞选连任了吗？

应答方：我不知道。

质询方：好的，他确实竞选连任了，如果我们告知对方辩友，后来我方证据显示，布什总统强烈支持在该领域发起联邦干预项目，并以此作为自己竞选的主题之一，那么，你还愿意坚持这一论据吗？它唯一的支持论据来自20年前的研究报告，而且这项研究还是在联邦政府的要求与支持下完成的，得出了当时在任总统希望它得出的结论，而且正好及时地在十一月的大选中公之于众。

应答方：嗯（停顿），你得告诉我哪里有问题。

质询方：一个理智的人至少有理由怀疑吧？

应答方：嗯（停顿），我不太肯定。（停顿）我们觉得这一

> 论据挺不错的。
>
> 质询方：谢谢你。现在让我们转向对方辩友的论点3，你能重述这一论点的标题吗？

如上所述，质询方抛出了一系列的问题，目的就在于暴露对手辩案中的弱点。虽然应答方不承认，但证据的质量和使用该证据一方的可信度都受到了质疑，这会给大多数听众留下非常深刻的印象，随时准备在随后的攻辩交锋（不是指交互质询环节，而是在接下来的辩论中）里，听到或看到这一方的分论点及其所支持的核心论题被另一方攻击。很显然，这是因为证明这二者的证据已经过时了，而且带有偏见。如果这个论题是对方辩手的核心论题，质询方值得花时间在这一环节揭穿对手的这一弱点并准备进行攻辩。由于完成上述过程大约耗时一分半钟，上述顺序必须作为质询方的一个主要目标。花在对手主要论点上的时间是值得的，但若是一个不重要的证据就没必要耗费太多时间了。请注意质询方是如何组合使用直接式、开放式和探查式的问题完成这一系列的质询的。有效的交互质询不仅能将单个的问题串联起来，还能帮助己方根据对方的回答，有针对性地进行驳论陈词。

质询方可以根据对方可能做出的其他回答提前准备各种应对策略。例如，一位准备充分的质询方辩手会想，"如果对手用这种方式回答，我该怎么办？如果他们这样说怎么办？不管对手如何作答，我可以预知哪些后续问题？"这样的分析将帮助质询方在有限时间内很好地控制质询的重点和方向。

回应质询的策略

如果你是应答方，那么你的回答也应当尽量简明扼要。有些质询方辩手会缠着你，让你对一个非常复杂或过于简单的问题回答"是"或"不是"。如果你能诚实地回答"是"或者"不是"，直接回答即可。如果不能，就说出来并告知原因。应答方的刻意回避，会影响自己的"人格魅力"。

如果问题很显然是相关甚至关系密切的，回答时你可以运用与提问时相同的技巧。如果是开放式问题，比如"请解释你的辩案"，那么提问本身存在失误，你可以从开场陈词开始自如地总结你的整个立论。但是，不要因为担心自己的回答可能会被对手利用而试图回避任何提问。你只需简单地、直接地从己方的立场作答即可。

既然提问本质上是攻辩的一种形式，那么适用于应答的原则在此也同样适用。尽一切努力把你的回应变成某种形式上对自己的辩案的支持。这并不是说你只需要偷偷在回答中阐述自己的分论点而避免正面作答。相反，如果你在这个话题上提前做足了功课，你可以表明自己的回答与整个辩论之间是密切相关的，如上文的例子所示。

应答方也可以提前准备如何回答可能被质询的问题。最好的办法是团队合作，成员之间互相提问那些针对己方辩案的最棘手的问题，你可练习如何作答，让自己立于不败之地。和攻辩演讲相似，对交互质询最好的准备就是让辩案尽量完善，论证要充分，知识面要广博。在练习阶段，你可以与团队同伴搭档，模拟反方质询同伴，同时也可以听听同伴如何对你质询。对练习的过程进行录像会很有帮助，因为通过录像你能清楚地看到自己在提问和回答环节的表现。

记住，质询方和回答方都希望通过保持活力，展示专业知识、诚信和善意来建立自己的可信度。双方都想澄清核心论题和主张，以使辩论聚焦到核心问题上。同时，质询方希望通过探查暴露对手辩案和论证过程上的弱点，而应答方希望为己方的核心论题、分论点、证据和论证进行辩护。

质询技巧的实际应用

在交互质询过程中学习到的技能也可以应用到辩论赛之外的场合。你可以把回答质疑的技能用到课堂上。老师经常运用直接式、开放式或探查式三种类型提出与课堂有关的问题。例如，"昨晚布置的作业你读了吗？你有什么想法？你希望用这个话题做学期论文吗？"这是上述三种类型的例子，它们可能被用于课堂。同样地，如果你能灵活掌握，你还可以利用提问策略从你的老师那里获得信息。比如这样询问："今晚读哪几页内容？您如何评价这部小说的重要性？这类问题在期末考试中可能出现吗？"在课堂上你可以使用这些提问技巧（也许你已经掌握了）。提前对老师可能提问的问题进行准备并预先想好如何回答，可以使你成为一个更有效率的学生，也会使老师对你留下一个好印象。

你可能会发现，自己所在社区就有很多领域需要公众参与。大大小小的公民集会、俱乐部活动、理事会、董事会及委员会的听证会，或者志愿服务及其他社会服务团体组织的活动，你在这些场合都能用上交互质询的提问和应答技巧。想大家所想，问大家所想问，答大家所问的能力，是领导才能的体现，也是能在公众事务的讨论中发挥个人影响力的技能。

人们的职业生涯几乎都是从面试开始的，面试主要是问答形式的交流。大多数面试都会用直接式、开放式或探查式问题，所以交互质询技能的训练能帮你提高面试的成功率。

最后，许多参与辩论的学生都考虑从事法律职业。当然，无论是在法庭上，还是在面对客户或面试的情况下，对任何法律从业者来说，精确措辞的能力都是一笔财富。即使一名律师不会遇到电视上展现的那种戏剧化的庭审供述场面，他也仍然有许多机会与客户交谈，进行合同谈判，以及访谈纠纷案件当事人。法庭中一个非常重要的情况是律师们审查候选陪审员。这个被称为"预先审查"的过程为你提供了一个绝佳的机会，因为你可以利用这个机会观察律师如何使用交互质询技术。

你可以从本章介绍的内容中了解到，交互质询是辩论中的一个重要环节。尽管赛时只有几分钟。记住，这短短的几分钟不是争论的时间，而是发掘论点的时间，这些论点你可以在后续的论证中使用。大多数裁判不会记得你在交互质询时具体说了些什么或做了什么，除非你后面又提起。事实上，裁判通常不会在质询期间做笔记，所以如果你希望你的交互质询结果是"算数"，那么你必须在随后的攻辩或守辩中再次提起。

听众能注意到并记住的是你在提问和回答问题时给他们留下的印象。请向你的听众证明你有活力，更专业，不仅值得信赖，而且与人为善。

总之，记住三个重要的原则：

1. 交互质询的时间虽然较短，但对你展开论证很关键。因为稍后你将在辩论中使用这部分铺垫的论证框架。

2. 裁判一般不会去记也不会要求你重复你在交互质询中发言的内容，除非你在随后的发言中再次提及。

3. 你提问和作答的方式影响你在听众心中的人格形象。你的言语交流要让听众觉得你富有活力,更懂专业,不仅值得信赖,而且与人为善。

> 我们在这一章和前七章讨论的原则,对正、反两方的辩手都适用,也适用于辩论的各个环节。有些原则甚至也被用于全球范围的学术争论。下一章我们将关注辩手的一项专门技能。这一技能关系到前述所有原则如何落实,如何影响到辩论的最终结果。这一技能对于从事任何职业的个人来说都适用。这一技能就是:有效的演说。

第九章　有效的演说

Effective Presentation

演说就是要直截了当,让你的话语如阳光般直接射入我们的内心。
——科奇斯,里卡瓦阿帕契部落酋长(1805—1874)

关于辩论风格和辩论演说，我们只需记住一点：辩论既是一门口头论战的艺术，也是一种公共演说。我们这本《辩手指南》虽说不能替代公共演讲课程，但是能够提醒大家留意辩论及其他公共演说必须遵守的基本准则。

语言因素与非语言因素

辩论作为一种公共演说，是以高度组织化的话语结构，向听众传达自己思想与观点的口语表达方式。两千年前，罗马演说家西塞罗提出讲演者的三项责任——演讲应当清晰明了，让听众听懂你的发言内容；演讲应当妙趣横生，吸引听众愿意听你说；演讲应当具有说服力，劝服听众认同你的观点。时至今日，它们仍然适用。

为了完成这三项任务，辩手在发言内容准备好之后首先要考虑的就是语言因素和演说的"身体"表达因素——也就是如何运用语音与肢体实现言语和非言语沟通。只有把这两个因素都处理好，辩手才能把自己演说的内容真正传达给听众。

语言因素包括：词语的选择，使用口语表达的相关要素，如语速、音量、音高和声调。如第七章表7-1所示，要避免那些俗套的表达。为了在有限的时间里进行清晰、有效的表达，用词应尽量精准和简练。而且要时刻提醒自己不要落入术语、速记短语或首字母缩略词的陷阱。这类词语的定义你得在最开始就给出，否则只有少数听众能听懂。你可以说，"我们会授权（美国）核管理委员会，即NRC，来实施我们的计划"。之后你就可以在演讲中直接使用缩略语"NRC"了，因为你在讲演中首次使用该缩略语时就专门做了解释。如果你是反方辩手，最好不要这样开头："我将从几个PMNs开始，然后再谈DAs。"下面这样的开头能帮助你的听众理解你在说什么，对你的讲演目的做到心中有数："首先我将针对正方必要性论题的解决方案展开论证，然后再谈其中的四个缺陷。"

具有吸引力的讲演离不开适当的语音变化，比如适当地调整语速、音量、音高和音色等。辩论讲演的语速通常比一般演讲快，所以，运用声音元素的这些变化来达到强调和清晰的效果，是非常重要的。例如，适当停顿，或减慢语速，或降低音量，都可以起到强调的作用。当然，你的声音必须足够大，确保让听众听清楚，同时也要考虑赛场的环境和听众的特点。

非语言因素包含体态、动作、手势、面部表情、眼神交流等。发言时身体站直可以让你看起来更专业、更可信。与日常聊天一样，辩论赛当然允许辩手在台上稍走几步或者使用恰当的手势来强调自己的观点。保持适当的面部表情，传递出你希望表达的意义。因为有研究表明，面部表情是言语之外最有力的交流工具。另外，在对手发言时不要双眉紧锁，否则裁判会认为你不尊重对手，你的形象分会受到影响。当你专注于阅读手中的笔记或朗读大段文字的时候,你不太容易与听众进行眼神交流。但是,你需要观察裁判在你论辩过程中的反应,这是非常重要的听众反馈。所以,每一位辩手需要练习如何讲演,熟悉自己的资料,这样你在演讲中才能用更多的时间关注你的听众,而不是你手中的笔记。

听众

如果你不仔细考察听众的特点以及人数的多寡,演说的语言风格是很难确定的。听众和观众是什么人?他们的年龄、职业和背景是什么?他们有哪些偏好或倾向?受学生听众欢迎的词句不一定能打动一群银行经理。当演说场地不大、听众不多的时候,你如果依然声音洪亮,频繁使用肢体语言,和面对几千名听众时一样,你就会非常尴尬。

一般来说,听众是辩手语言选择的重要考虑因素。为了达到最佳效果,辩手必须使用听众易懂的语言,根据听众的年龄、教育背景或职业来调整语言。例如,"互惠贸易协定"一词,若辩手不加以解释,高中生可能不理解,但如果在座的是一群成年人,尤其是从事商贸活动的职业人群,你就不需要进行解释了。所以,如果你不清楚听众是否理解这些术语,在辩论中第一次使用时,最好将术语的同义词一起提出来,或者稍做解释。完成以后,你就可以在辩论中放心地使用这条术语了。

听众人数决定了辩手使用哪种演讲方式。如果礼堂里有一千个人，辩手的手势动作幅度要大一点，面部表情要夸张一点，语速要慢一点。听众人数不多时，尤其是在小房间里时，辩手的身体动作和神态表情需要收敛一点，因为辩手声音的抑扬顿挫和面部表情的细微变化很容易被听众捕捉到。辩论场地如果是一个不大的房间，辩手应该尽量避免音量过大。要时刻记得，能做到这一点很不容易，尤其是当双方立场尖锐对立、辩论十分激烈的时候。但是，这条原则你一定要记住。

作为听众的裁判

大多数学生辩论赛通常会有一名裁判，常由教师担任。规模较大的比赛中，最后一轮辩论裁判的人数可能会增至三到五名。有时，辩论赛会安排很多的听众，其中的一位会参与投票，与裁判一起评判比赛的胜负。辩手首先应该了解裁判的真正作用，以便为辩论发言做周详的计划。可以肯定地说，在辩论场合，裁判是一个重要的观察者，观察你如何竭力说服听众接受或拒绝辩题的主张。这一认知极为重要，是我们理解裁判立场和辩手职责的关键。这就意味着一位辩论高手也必须是一个出色的公众演说家。

有的辩手误以为辩论的裁判与法庭上的法官是一样的，只是缺少了陪审团而已,而自己只需要像法庭上的律师一样站起来做口头陈述就可以了。因此,他们认为理想的辩论仅仅就是在尽量短的时间内提供尽可能多的事实,然后交由裁判来梳理这些零碎事实并最终做出决断。有的辩手会随意使用高度专业化的术语,就好像在场所有人都知道这些术语的含义似的。最后,还有一些辩手会认为表达的方式是无关紧要的,所以他们会用单调、乏味的语调读完冗长的引文,眼睛只盯着提示卡或演讲稿却忽略了房间里的听众。辩手的演说技能不会因为这样的辩论而有任何长进,因为在现实生活中,听众是绝对不能忍受这种辩论演说的。事实上,现实生活中大多数的听众都不会有辩论裁判这样的耐心。

我们的辩手最好想象一下:在法官的注视下,你面对陪审团做陈述。在这种情况下,你需要考虑法官和陪审团因素。因此,辩手必须把裁判当成大多数听众中的一员。裁判的任务就是评价你在说服"大多数"听众时的表现。

辩论的语言

想用短短几页内容来概括复杂的辩论语言几乎是不可能的,但是辩手们还是应该记住以下几点:

首先,辩论的语言应能让听众轻松理解;

其次,避免使用行话和套话;

第三，巧妙使用衔接词进行起承转合，帮助听众了解辩论的进程。

1. **语言通俗易懂**。大多数辩论主题涉及复杂的思想，如经济、价值体系、政治或国际事务等。因而对听众来说，这些高度专业化的知识领域可能很陌生。辩手的首要责任就是把听众可能不熟悉的专业术语解释清楚，比如，"预防性战争"和"先发制人的战争"这两个词汇之间的区别。另外，在辩论中有一些词语，辩手可能根据自己的需要，赋予它们特殊的含义。辩手也有责任进行解释。例如，在政策类辩题的辩论中辩手会提出自己的解决方案，指定由某委员会或理事会来负责实施。在价值类辩题的辩论中，正方需要为"更为重要"的各种价值设置一个特殊的等级体系。不管是指代解决方案还是价值体系的术语，听众都有权利知道辩手使用它们要表达什么含义。辩手的一个有效策略就是头几次使用该术语时，将该词与其同义词关联起来使用。在给出定义之后，正方辩手会发现用同义词替代关键术语重新表述辩题很有用。比如，对于辩题"美国应当承认古巴"，正方辩手可以通过界定词语，用"美国国务院"和"与古巴互派大使"分别替代"美国"和"承认古巴"，来重新阐释原来的辩题。这样，原来的辩题就可以转换成："正方：美国国务院应当主动提出与古巴政府互派大使和其他外交官员。"但是要注意，一旦某一词语被赋予了特定的含义，在辩论中它的含义就要始终保持一致。

有哪些专业术语需要具体定义呢?这取决于听众的特点以及听众对主题的熟悉程度。关于这点,每个人都有自己的判断。但有两类术语是必须要定义的。如果不能定义,至少要使用近义词。第一类是含义本身就比较模糊的专业术语。这些词语可能有两个或两个以上的含义,例如"关税政策"或"环境保护";第二类是本义比较平常,但是在辩论中被辩手赋予了特殊含义的专有名词。比如,前文提到的"承认"一词,辩手用它特指两国之间仅互派大使但不存在其他正式外交往来的关系;又比如"宪法权利"一词用以指宪法明文规定或者推定的权利。

在实际辩论中,特别是听众较多时,辩手可以在首次使用时简单定义关键术语,然后使用一两次近义词。无论听众是谁,辩手都不能假设听众能记住辩论中的任何一句话。听众可能会注意力不集中或容易遗忘,也可能第一次就没有理解。因此,对重要的话和重要观点进行重复是有价值的。

2. 避免使用行话和套话。 辩手有时生活在自己的语义世界中,一遍又一遍地使用固定词组等刻板的表达方式。像"举证责任"或"谬论"这类专业术语,如果辩手向听众解释了它们的具体含义,就可以放心地使用了。因为这类术语在辩论过程中是有实际用途的。另外,如果你过多依赖陈旧的套话,而不努力找到更恰切的语言来思考的话,观点的原创性就会受到影响。如果说应变力是辩论成功的关键，那么，对语言表达自由的种种限制就是成功之路上的障碍。

在第七章表7-1中，我们列出了攻辩中一些常见的套话。这些错误在辩论的整个过程中都会出现。对一些辩手的表达习惯稍作观察，你就会很容易发现以下错误：

少用：	理由：	建议替换为：
"我可敬的对手"或"反对方"	这些语言听起来带有讽刺意味；充其量只给人留下你的语言老掉牙的印象；容易激起对方的敌对情绪。	"对方辩手"
"尊敬的裁判"（在导言中）	陈词滥调；可能听起来带有讽刺意味。	"先生们"或"女士们、先生们"
"我想谈谈反对者的论点。"	模棱两可。	"我想回顾一下对方的论点。"
"我的队友总结性地证明了……"	说明你认为无须进一步提供论据就能论证某一论点。	"我的队友已经概括了……的原因。"

3. 使用衔接词。任何辩论都有让听众感到困惑的地方。反过来说，如果哪方的辩手能够为听众扫除这些困惑，他们的观点就有更大的机会被听众接受。

第九章 有效的演说

学生辩论赛存在一个重大缺陷，那就是辩手没有机会让听众了解己方辩案提纲的性质和作用。两位辩手有时可能会在台上花十几、二十分钟来向听众背诵一些统计数字、名人名言和事实，但却没有时间告诉听众这些内容是如何组合在一起的。一个团队可能会在整场辩论中按照提纲的思路来进行辩论，并默认听众能跟随他们的论证思路，但是这个辩论队却可能忽略在演说中使用衔接词，用语言来指引听众跟上辩论的节奏。

为什么衔接词在演说中这么重要？你可以想象一下：一篇英文文章里面没有大写字母，没有标点符号，没有段落缩进，也没有小标题来区分段落和章节。当你读到这种文章时会有什么感受？这样你就很容易理解衔接词在口头交流中的重要性了。由于听众不能打断辩手的演说，也不能中止辩论，更不能像阅读书面文本那样重读辩手说过的句子，所以很难挑出辩手发言的中心内容。只有辩手本人才能在演讲中加入"标点"。因此，和我们之前提醒大家的一样，一定要用层级提纲式结构来组织发言的内容，并使用有效的衔接词来使得你的辩论演说内容清晰、目的明确。

这条建议并不是要求辩手必须总是这样说："现在我要讲辩案第三部分的论点 A。"但我们还是建议辩手熟练运用常见的语言衔接方法，来帮助听众了解你方辩案的提纲或每一个论证步骤。一般情况下，己方辩案提纲中每一部分结束的时候，辩手应该明确告诉听众，前一节的辩论暂告一段落，下面将开始进入另一部分的论证。

任何一本普通的语法或公共演讲教材都会列出一长串衔接词，但辩手应该特别注意下面三类衔接词：

❖ **用于介绍新内容的衔接词**

下一个

另一个

进一步

第二

第三

现在让我们转向……

这表明了什么呢？

❖ **用于总结的衔接词**

总之

概括起来

最后

我们现在已经看到了……

这三个事实（简短地重述）

在谈论（下一项）之前

❖ **用于逻辑推理结论的衔接词**

因此

结果

由此

我们现在可以得出结论……

于是

这些事实表明……

回顾或引用前述内容都有助于听众理解辩论的内容,这些有用的重复也有利于辩手说服听众。

有效演说的特征

辩手通过语言、手势、面部表情及其他任意可用的外部表达手段(包括视觉辅助工具),向听众传达想法,我们称这一互动过程为"演说"。仅仅背诵发言稿并不能成就一场有效的演说。你应该仔细阅读下面列表的内容,了解有效演说应该具备的特征。如果有条件,可以用摄像机录下你练习辩论发言的过程,并对照以下标准逐一检查。

1. 仪态。仪态应该自然得体,一定要保持端正。

(1)不要倚靠桌子、椅子或讲台。

(2)不要左右摇晃身体。

(3)不要僵直地站在同一个位置。

(4)偶尔挪动一下,这有助于丰富表达,也可以释放一些自然产生的紧张感和活力。

（5）不要摆出让你感觉紧张或不自在的姿势，以免造成尴尬。

2. **手和手臂的姿态**。双手和手臂的姿态应表现自然，但不应该始终保持一个姿势。

（1）不时地改变手和手臂的姿态，可以给听众带来富有变化的感受，并进一步减少紧张感。

（2）不要把胳膊固定放在背后或身前某一位置。

（3）姿势不要总是一成不变，要经常变换姿势。

（4）如果你感觉不自然，就不要尝试做一些手势。

（5）避免手里摆弄一些物品，如钢笔、铅笔、笔记卡片。双手不要紧扣在一起，因为这些举动会分散听众对演讲内容的注意力。

3. **眼神交流**。你应该和听众席中的人们保持眼神交流。

（1）观察部分听众的面部表情，看看他们对你的演讲内容做何反应。

（2）确保你的视线触及每一位听众，同时要特别注意和裁判的眼神交流。

（3）尝试与个别听众中进行眼神交流，而不是把所有听众看成是一个整体的交流对象。

（4）避免将视线移到窗外，不要仰视或俯视听众。

4. **态度**。在观众眼中，你应该对自己发言的价值和重要性充满自信。

（1）将你对辩论主题的热情传递给听众。

（2）对你的发言内容充满信心，这样你会不停地给予自己信心，相信自己有能力把材料陈述清楚。

（3）避免表现出傲慢或歉意。

5. 嗓音。富于变化的声音是保证发言清晰和吸引听众的关键。

（1）当你想强调某个观点时，放慢语速，重读关键词。

（2）通过讲故事或列出事实细节来说明主要观点时，稍微加快语速。

（3）在主要观点之间稍微停顿以示强调。

（4）调整你的音量和音高，以适应比赛场地的建筑材料和空间规模。

（5）避免单调呆板的语调。

最重要的一点，就是尽量让你的演说富于变化。如果要用一句话来概括有效演说的原则，那可能就是：富于变化，不要一直重复相同的内容。

辩论演说的特殊问题

进行辩论演说时，辩手可能会遇到其他公共演说所没有的特殊问题。有一些问题，如怎样使用发言提示笔记也会出现在其他演说场合，但可能具体形式不同。接下来，我们简单介绍一下这些特殊问题，包括辩手的态度、即兴演讲的理念、如何记忆演讲内容和使用卡片、如何控制演说的速度、如何高声朗读及如何使用视觉辅助手段等。

辩手的态度

辩论是争论的过程，而且往往会演变成很激烈的争吵。但是，诋毁对手的方法是没有意义的。辩手应该尊重对手及其观点，并时刻表现出礼貌和公正。在辩论中采取非对即错的态度是不明智的。好像只有你和队友的观点才是正确的，而对手的观点只是无知和愚蠢，这样进行辩论很不明智。

如果辩论双方实力相当，可能最后决定胜负的因素就是双方的态度。傲慢会让你输掉辩论赛。辩手的修养是成功的重要保障。永远要记得，一场出色的辩论中辩手应尽可能诚实地为听众展示一个问题的两种不同答案。听众有权选择基于辩论的理性，而不是辩手的情绪化表现，对一场辩论做出评判。请记住 19 世纪英国小说家塞缪尔·巴特勒的话："在争论中胜出的人，并不是观点最正确的那个人，而是脾气更好的那个人。"

即兴演讲的理念

及时调整是辩论成功的关键。在正方一辩陈述之后，每位辩手都会对自己的表达做出调整，当然也只有足够优秀的即兴演讲家能机智地完成它。即兴发挥的理念就是，清楚地知道自己的辩案，用提纲形式准备辩案，这样发言时很容易想起来，从而使你发言的措辞符合下一刻的情境。

记忆演说内容和使用提示卡片

根据提示卡片进行即兴演讲需要准确的理解力，而不是惊人的记忆力。也就是说，辩手只要机智地使用提示卡片，就能自由地运用具有个人风格的话语来表达自己的观点，可以自如地与听众进行眼神交流，可以自如地调整声调、音量和语速。辩手唯一要做的是弄清楚提示卡片的真正用途——卡片并不仅仅是供人大声朗读的零散手稿。

即兴发言是指辩手在已经提前准备好大量材料的条件下，在辩论赛场上以即兴发挥的方式发表演说。在发表即兴演说的时候辩手通常会随身携带两类手写材料。一是发言提纲；二是在发言过程中需要大声朗读或引用的材料。辩手应该将自己的辩案提纲事先熟记于心，这样在辩论中就只需思考其他类型的材料。辩手应该先为个人笔记选定一个标准尺寸和形状，它通常是一个 4 英寸 ×6 英寸（10.2 厘米 ×15.2 厘米）的卡片。因为卡片容易替换，辩手可以很方便地调整卡片顺序，以适应对手的论证节奏。卡片不要用劣质的纸张，因为这种纸拿在手里要么容易被撕坏，要么会发出沙沙的响声。字要写得大一些，以便你在发言时能轻松看到。字写得太小的话，你就不得不将卡片举到眼前，这样会分散听众的注意力，妨碍你和他们进行眼神交流。

如果辩手能经常练习使用提纲结构组织自己的发言内容，就能很容易记住提示卡片的内容结构。有的卡片写论点，有的卡片写支持论点的论据，还有的卡片记录引用论据的具体出处和详尽信息。如果辩案的结构非常清晰，那么每张卡片在你的笔记文档里都会有一个相对固定的位置。如果你不知道有的卡片应该放到哪儿，可能是出于下面三种原因：其一，这张卡片要用于两个相互独立的核心论题，在这种情况下，需要再复制一张相同的卡片；其二，辩手还没有充分理解辩案的内容；其三，卡片属于另一个笔记文档，是另一个辩案的材料。

演说的语速

有的辩手，尤其是经验不足的辩手，可能认为最理想的辩论演说语速就应该像连珠炮似的。大多数美国人平均每分钟说出

120~130个词语。在比赛规定的10分钟内，为了吸引听众注意，辩手以每分钟200个词语的语速讲话反而会让听众反感。有效演说的准则是：尽量避免刻意的表达。因为听众的注意力可能都落在了这种刻意的演说风格上，反而忽略了辩手要表达的观点。因此，辩手要避免在比赛规定的十分钟内匆匆忙忙、追着赶着说完一段原本需要20分钟的演讲内容。语速过快并不明智——这一准则在驳论陈词中尤为重要，因为到了这一环节，听众在听完了辩论双方的正面交锋之后，思维可能已经有些混乱，辩手过快的语速会加重这种混乱。连珠炮似的一通演讲通常说明辩手的辩案可能存在问题。因为辩手自己对论点或论据之间层次关系的理解还不清晰，所以试图抛出所有能想到的观点和事实，想着其中总有一个能起作用吧。显然，这位辩手无法理智判断哪些观点和论据是有价值的，哪些是没有价值的。聪明的辩手在开口之前只选择最好的观点和论据，而不是置听众于没完没了的话语洪流中。辩手的语速够快并不能说明他的思路条理清晰。

读稿的注意事项

由于读稿会影响辩手与听众进行有效的眼神交流，实施起来比你想象的要困难得多。读稿时一定要注意遵守讲演的三个原则：

1. 强调的原则：强调关键词，避免单调，使文本含义明确。
2. 与听众交流的原则：不断与听众保持眼神交流，不要只盯着发言稿。

3. 变换语速的原则：调整语速和停顿的时间，不要让语速越来越快。因为大多数辩手在读稿时容易加快语速。

视觉辅助工具

一些辩手喜欢在辩论中借助视觉辅助工具，如图、表或实物来阐明复杂的观点。虽然辩论中图表使用得并不频繁，但是在解释复杂的财务关系时非常有效，比如解释一个项目的不同部门之间如何进行预算分配。但是，一旦在辩论中用了视觉辅助工具，你就必须得让对手看懂展示的内容。另外，使用后应将它们从视线中移开，并方便随时调用。这样如果对手在后面的演讲中或交互质询中讨论到相关内容，你就可以随时展示。

视觉辅助工具有几个固有的缺点，因此应该仔细操作、善加利用。使用者应该牢记，清晰是使用视觉工具的首要目的。以下提示会对你有所帮助。

1. 让在场的所有人都能看清视觉辅助工具上的内容。因此，在辩论中，笔记本电脑的显示器可能不起作用。

2. 画图时，注意用粗重的线条，让它们和背景板形成鲜明的对比。

3. 删除多余细节。

4. 用粗体标注出重要的部分。

5. 考虑使用对比色，区分具有不同功能或结构的内容。

6. 打算在实际辩论中使用这些工具时，事先做好检查。站在距离工具15~20英尺（约4.6~6.1米）以外的地方，察看能否看清展示内容。

尤为重要的是，辩手必须谨记自己是在做公共演讲，要努力争取让听众接受自己的观点。因此，你必须分析听众的特点，并根据现场的环境调整自己的语言和演讲方式。在辩论场上，每位辩手都需要对辩论演说的特殊性了然于胸。裁判可能就在听众中间。而且，辩论中需要使用的材料特别多，这就要求辩手熟悉这些资料。这时候提纲式思维与结构化演说的优势就显现出来了。在演说中使用提示辩案提纲的关键词，听众就能轻松跟上你的辩论节奏。

本章阐释了有效的演说对提高辩手话语的清晰度、影响力和可信度的积极作用。高超的演讲技巧是许多言语交际活动的目标之一，这些技巧将使你终身受益。但前提是你必须去实践！大约一千年前，玛丽·德·法兰西曾写道："既然上天已赐予你知识与口才，你就不应该沉默不语或遮遮掩掩，而是要尽情展现。"

结语: 完美的辩手

The Ideal Debate Speaker

未来的职业对从业者智力的要求包括：定义问题的能力、快速理解数据的能力、对信息进行概念化与重组的能力、利用信息进行演绎和归纳的能力、刨根问底的提问能力、与同事一起发现问题并共同寻找解决方案的能力，以及说服他人的能力。

——罗伯特·赖克，美国劳工部长（1993—1997）

优秀的辩手能在规模浩大的反对声中,依然劝服公众接受自己的观点。突破重重困难取得辩论的成功需要很高的辩论效率。在本书的最后,我们想提示读者的是,如果你想成为一名完美的辩手,我们建议你一定要培养下面的七项能力:

1. 收集和组织观点的能力
2. 梳理观点主次关系的能力
3. 评价证据的能力
4. 洞察逻辑关系的能力
5. 用提纲式结构思考与发言的能力
6. 有理有据,说服他人的语言表达能力
7. 随机应变的能力

通过努力提高并使用这些技能,你在辩论或其他活动中一定会大放异彩。最后,我们借用美国废奴主义者哈莉特·塔布曼的一句话来为本书画上句号:"记住,你们每个人的身体里都藏有揽月摘星、改换乾坤的力量、耐心与雄心!"

词汇表

必要性论题（NEED ISSUE）

在公共决策话题的论辩中，正方所持的认为对现状进行实质性改变很有必要的主张。

辩案（CASE）

所有收集到的可证明辩题为真或辩题为伪的论据。是补充了分析、推理过程和论据后的辩案概要。

辩案概要（BRIEF）

是提前准备的支持己方论证的完整辩案的提纲，包括证明己方所有分论点的论据。

辩论（DEBATE）

在某一选定辩题上立场互相对立的各方就各自的观点进行系统阐述的正式口头论战。

辩题（PROPOSITION）

通过一个陈述句式表达的判断。通常是对正方所持立场的陈述。

辩题前设（PRESUMPTION）

即认定当前形势（或现状）无须改变的假设，除非被证明事实并非如此。它是一场辩赛开始时辩论双方默认的辩论起点。

辩题研究（RESEARCH）

寻找信息和材料来支持己方观点或论证的过程。聚焦越具体，效果越好。

表面成立的辩案
（PRIMA FACIE CASE）

在被反驳之前，所持论点将有可能一直成立的辩案。该辩案通常由正方一辩在立论陈词中提供。

驳论陈词（REBUTTAL）

是辩护己方立场的过程。是在辩论中，每位辩手在立论陈词之后做的补充发言。除了对己方的论据进行辩护，还可以攻击对方的论据，但可能不会提出新的论据。

裁判（JUDGE）

对辩论进行评判的人。

参考书目（BIBLIOGRAPHY）

与某话题相关文献的汇编。

常规论题（STOCK ISSUES）

在几乎每一场辩论中都会出现的标准论题，或惯例性的论题等。

法庭式辩论（FORENSICS）

为了影响人们的判断而做的发言，常用于指校际演讲类比赛，如辩论赛。在这类场合，法庭式辩论是一种教育活动，旨在训练学生从论证的角度来研究问题并与他人进行交流。

反方（NEGATIVE SIDE）

致力于阻止正方说服听众接受辩题的辩手或辩论团队。

反向论证（COUNTERWARRANT）

在价值类辩题的论辩中，针对正方立场而采取的一种反向战略，目的是说服听众接受与辩题所默认价值体系之外的其他价值体系的存在。

分析（ANALYSIS）

思考某一话题，发现问题的过程；是一种系统的探究。

攻辩（REFUTATION）

证明对方辩案存在错误或不足的行为。

核心论题（ISSUE）

为了证明辩题为真，必须进行证明的一个结论。在辩论中，它以关键性论断的形式出现。

加拿大大学校际辩论协会（CANADIAN UNIVERSITY SOCIETY FOR INTERCOLLEGIATE DEBATE, CUSID）

该协会旨在促进加拿大的议会制辩论。详细信息请浏览该协会官方网站。

价值（VALUES）

关于行为与信念原则的一般性陈述。

价值类辩题（PROPOSITION OF VALUE）

不是关于行动主张，而只

是对事物做出评价或判断的辩题。

交锋（CLASH）

正方与反方证据之间的正面对决，通常发生在论辩聚焦到核心话题的阶段。

交互质询
（CROSS-EXAMINATION）

向对方辩手发问的过程。

交互质询辩论协会
（简称"西达"）
（CROSS-EXAMINATION DEBATE ASSOCIATION, CEDA）

一家致力于促进教育辩论的全国性组织，致力于教授说服性与交际性论辩的基本原则。请访问该组织的网站，了解更多信息。

锦标赛（TOURNAMENT）

众多辩手会聚一堂参加的各种竞争性活动，如辩论。

类比论证（ANALOGY）

如果与A相关的事实和与B相关的事实在某方面相似，则A与B在另一方面也相似。

立论陈词
（CONSTRUCTIVE SPEECH）

一场辩论中每位辩手最主要的发言，辩手将陈述己方涉及辩题的所有论证。

例证型论据（EXAMPLE）

基于一个或多个事实的性质做出的归纳论证的论据。

林肯-道格拉斯式辩论
（LINCOLN–DOUGLAS DEBATE）

一对一形式的辩论，源于史上亚伯拉罕·林肯和斯蒂芬·道格拉斯之间著名的论战。

论点（CONTENTION）

在立论陈词提纲中作为大标题列出的论述性语句，将由论据和证据来证明。

主张（ASSERTION）

是关于暂时还未被证明的观点的一句陈述。

论据（PROOF）

由辩手提出的用于说服听众支持某一观点或论点的材料。包括辩论中展示给听众的证据和推理过程。

论据/分论点（ARGUMENT）

是含有论证过程与证据的一句论断。

论据组件（BLOCK）

论据的概要，包括论证推理过程与证据，通常指于辩论前根据对另一方论据的预测，预先准备好的针对性的论证材料。

论证（WARRANT）

从信息（数据）出发得出其含义（论断）的论证过程。

论证流水单（FLOW SHEET）

是一种在辩论赛中做笔记的方法，可以帮助辩手或听众在一系列的辩论发言中跟进论辩进程。它以提纲的形式列出了论证推进的过程。

美国辩论协会（AMERICAN FORENSIC ASSOCIATION, AFA）

美国一家由研究辩论的学者与教育工作者组成的全国性联盟。为全美辩论联赛和全美个人演讲锦标赛（National Individual Events Tournament，简称 NIET）的主办方。

美国议会制辩论协会（AMERICAN PARLIAMENTARY DEBATE ASSOCIATION, APDA）

一家主办议会制形式的各种辩论比赛，特别是美东地区比赛的辩论组织。详细信息请浏览协会官方网站。

谬误（FALLACY）

指任何破坏论证效力的逻辑论证漏洞。

批评（CRITICISM）

法官或教师对辩论各方表现所做的评论，旨在对评分结果进行解释，并提出改进建议。

全美辩论锦标赛（NATIONAL DEBATE TOURNAMENT, NDT）

美国全国性的大学辩论锦标赛，由美国辩论协会主办，只有获得参赛资格的辩论队才能参加。也代指政策类辩题的辩论赛及与其相关辩论风格。如欲获知详情，请访问 NDT 官方主页。

全美城市辩论协会联盟（NATIONAL ASSOCIATION OF URBAN DEBATE LEAGUES, NAUDL）

一家致力于为教育资源不足的城市高中学生组织辩论培训的全国性组织。详细信息请浏览该联盟官方网站。

全美大学辩论荣誉生协会
（PI KAPPA DELTA–DELTA SIGMA RHO）

该协会筹办与组织四年制学院和综合性大学的学生参加的各类全国性辩论和个人演讲比赛。

全美社区大学辩论荣誉生协会
（PHI RHO PI）

该协会筹办与组织社区大学层次的各类全国性辩论和个人演讲比赛。

全美演讲与辩论联盟
（NATIONAL FORENSIC LEAGUE, NFL）

一个主要由支持各类高中生辩论赛和个人演讲比赛的高中教育工作者和学者组成的协会，该协会是全美高中辩论冠军赛的组织者。

全美议会制辩论协会
（NATIONAL PARLIAMENTARY DEBATE ASSOCIATION ,NPDA）

在议会制辩论中，每轮辩论往往选用即兴辩题。详细信息请浏览该协会官方网站。

世界大学生辩论赛
（WORLD UNIVERSITY DEBATE CHAMPIONSHIP，WUDC）

每年在世界各地不同国家举行的议会制形式的辩论赛事。详细信息，请浏览该赛事官方网站。

提纲（OUTLINE）

为某演讲或辩案精心准备的结构性提要。通过将信息进行合理的排序，标识观点之间的并列或从属关系，提要能清晰地展示各观点之间的关系。

推理（REASONING）

从可用的信息或数据中得出推论和结论的过程。在辩论中，指对证据到论点之间的关系进行推导的过程。

相抗方案（COUNTERPLAN）

在公共决策话题的论辩中，是为了反对对方立场而采取的一种策略。在承认变革必要性的同时，提出与对手不同的解决方案。

现状（STATUS QUO）

字面意思是"事物当前所处的状态"。在辩论中，它指的是辩论开始时辩论双方都默认存在的现实状况，并被认为是辩论的假定前提。

演讲发言（DELIVERY）

通过言语和非言语手段在听众面前表达自己观点的过程。

议会制辩论（PARLIAMENTARY DEBATE）

一类旨在促进交际性论辩的辩论形式，经常使用即兴话题，辩手名称沿用议会制政府的官员名称。具体辩论形式、辩方人数和辩论主题各不相同。

因果论证(CAUSE)

即宣称若事实 A 发生,事实 B 必然会发生的逻辑论证结构。

引文(QUOTATION)

名词,指被引用的所有资料。

引用(QUOTE)

动词,指使用出自他处的词语、句子或其他材料。也用作名词"引文"(quotation)的缩写词。

正方(AFFIRMATIVE SIDE)

为了说服听众接受辩题为真而进行辩论的辩手或团队。

正方立场(RESOLUTION)

与"辩题"相同。

证据(EVIDENCE)

支持或证明某些论点的事实或意见。

政策类辩题
(PROPOSITION OF POLICY)

主张将来应该采取某种行动的辩题。

指征型论据(SIGN)

使用指征论证的论据,断定事实 A 存在指示了事实 B 存在。

主持发言(OBSERVATION)

在辩论开始之前主持人的简短发言,主要强调双方就某辩题开始辩论时应该认可的前设或背景。

索　引
（关键词索引）

B

弊端，77，99，100

辩案，10，17，24-48，57-64，72，75-76，82-104，108-123，127-130，133-143，147-148，152-153，155-159，161-163，177，183-185，187

辩案的四个结构要素，43-48

辩论流程图，121

辩手职责/责任，123，172，107

辩题，10，15-20，23-27，33，37，39-40，42-46，48，51-53，56-57，59-61，64-66，75-89，92-103，108-115，118，122，127，131-132，139，147，153，172，174，182

辩题前设，26

表面成立的辩案，25-27

C

仓促概括，136

常规论题，75，77-78，85-88，90

F

发言顺序，20-22

反驳，10，15，27，31，41，59，86-87，91，94-101，103，109-110，122，128，131，136，147-148

反驳的责任，40-41，91

反方辩案，31，45，90，94-95，98，100，102，112，114-115

反提议，87，97

分论点，24-25，33，39，41，43-45，46-48，51，52-53，61-63，75，78，92-95，97-99，108-112，115-117，120-121，128，130，137-140，143-144，146-147，161-163

G

攻辩，22-23，31，58-59，94-96，98，101，103，110-115，127-133，137-148，159，161-163，176

归类型论据，64-65

H

含义，39，51，66，71，82，108，111，130-132，144，147，173，174-175，185

核心论题，24，33，39，41-44，46-48，51-54，60-61，75，83，90，93-94，97，99，108-110，112-118，131-132，135，137，139，143-144，147，151-155，161，163，184

J

假想推理型论据，64-65

价值等级，89

价值类辩题，15-18，23，42，44-46，64，75-76，88-89，92，94，97-99，102，109，113，122，174

间接攻辩，128

交锋，23，26-27，29，32，82，97，107，110，118-120，127-128，137，146，161，185

交互质询，20，22-23，29，92，107，111-112，114，151-155，163-165，186

经典辩案，99，103

举证的责任，40，42，101，111，115

K

可行性，77，81-83，100，135，142

L

类比型论据，67-68，70

例证型论据，68，70

林肯-道格拉斯式辩论，22，30，151

论点，24，27，29，31-33，39-40，43，45，51，59-61，64-65，67-68，71，78，80，90-95，97，99，109，111，116-117，119-120，128，133-136，138，140-141，144-147，154，161，165，176，184-185

论据，10，17，23-24，27，29，32-33，37-39，41-43，45，60-61，63-70，78，82，85，92-93，96，99，110，119-122，130，132-134，141，144，146-147，152-156，176，184-185

论证，10，32，38-40，43，52，61，63-68，70，72，78-79，86，90，92-93，95-99，102，108-110，112-113，115，120，128-129，131-134，138，141，147，152，154-156，163，170，177，184

论证谬误，134

Q

乞词论证，134

切中主题，76

S

时间安排，29，112

事后谬误，135

事实类辩题，16

随机应变，10，107，138

T

提纲，10，24，26-27，30-31，33，39，41，58-59，93，98，112-114，117，119-122，138，143，156，177，183-184

听众，10，18，23-24，27，29-30，32-33，37-39，41-43，92，107，151-153，169-179，185，187

偷换概念，135

图尔敏论证模型，38

推理论证，40，43-45，131，158

X

现状，8，26，77，79，86，89，93-97，99-102，110，113，129，145

信任，37-38，45，152

选言型论据，65

Y

语言，94，143-144，148，156-157，169-171，173-177，179，187

研究，48，51-56，58-60，72，75，91，94，100，127

演讲，7，107，117，121，163，169-172，177-178，180，182-183，185-186

演说，24，37-38，93，138，

152，169，171-173，177，
179，181，183-185，187

议会制辩论，19-23，30，32，
39，66，107-108，151，154

因果型论据，67，69

优势比较，85，100

与听众沟通的责任，33，40-41

Z

责任，26-27，30，33，40-
42，82，86，91-92，94-95，
97-98，107-108，115-116，
128，138，169，174

正方辩案，31，75，82，84，
86，88，90，93-96，99-
104，112-116，118，134-
135，138，141，143

正方立场，18，20，23，27，44，
45，76，94，138

证据，10，17-19，23-26，28，
32-33，38-39，41，43-48，
52-53，55，58-59，61，63-
66，70-72，75，86，91-94，
97，117，129-135，137-138，
143-144，146-147，153-158，
161，163

政策类辩题，15，17-18，23-
24，42，44，61，64，76，
85，95，99-100，103，109，
113，122，174

直接攻辩，94-96，103，128-
130，137

指征型论据，66，69

质询，107，152-157，159，
162-165

主张，10，37-41，44-45，
48，54，91，96，102-103，
110，118，120，129，138，
145，163，172